若你登上我為你擺渡的船，我滿心歡喜
若你遲疑，我依然前進

NLP喚醒教練 吳璨因

心靈教練

吳璨因

著

在人人看

NLP心靈教練吳璨因幫助你遇見完整幸福的自己

放下我執，接受世界客觀的存在

重整思維，發揮人腦的超效運轉

看見潛能，擁抱自我的豐資狀態

白象文化

探索心智的祕境

　　乾隆年間，京城出現了一個專偷皇宮寶物的神偷。某天竟膽大偷了乾隆皇帝的玉璽，於是宮中馬上召開高峰會議。和珅首先提出多管齊下之計：一、加派三千御林兵嚴守禁城；二、加強宮內防盜機關；三、百姓出入京城，一律檢查身分及行李，以防贓物外流。不料這計策實施了半年，神偷猖獗依舊，乾隆只得再召開會議討論。這次劉羅鍋反其道而行，提出：第一，將紫禁城外增派的御林軍都撤掉；第二，將所有寶庫的大鎖通通拿掉；第三，將存放寶物的箱子全部打開。乾隆聽了甚感不解，不過還是下令照辦，不出十天，神偷居然就被輕易地捉到了！原來神偷上千次的成功經驗告訴他，只要精準地執行躲、取、逃步驟，即使再嚴守的地方也能順利偷出寶物。可是這次竟然沒有警衛，也沒有鎖門，寶箱打得開開的，在這一連串的猶豫中，浮現了前所未有的疑問、驚慌與恐懼……，就在這猶疑的片刻，巡邏的衛兵一擁而上，神偷還愣在那兒自問：「怎麼會這樣呢？」

　　其實，在我們生活中不也充滿了這一類的情境嗎？沈迷在過去的成功經驗，執著於以往所養成的習慣，一旦環境改變，很容易落入一種「熟練的無能」——愈是熟練、愈是顯得無能。

　　與璨因結識於 2006 年，當時她帶著寶貝女兒參加基金會所開

辦的兒童讀經班。印象中，她精進好學、熱心助人，常與家長們分享所學；爾後更常應邀至基金會為大專院校學生們上培訓課程。很開心這本書問世了，恰恰適時幫助自己內省和覺察，打破過去的習慣領域、經驗法則，喚醒最初、最原始的光明自性，更可以在不斷快速變遷的時代中，突破過去的包袱，掌握新的環境，面對新的課題，迎接新的挑戰，不斷地超越自我，再創新機。我們並非完全否定「經驗」的結晶，而是強調在運用經驗的同時，仍然要保有一顆自在的心。

　　璨因的這本書對於人的心智有著非常獨到的見解，她本著神經語言程式學的專業，以一位引導者的身分，讓我們得以慢慢發現自己從前是不自覺地受到什麼樣的影響；以簡單具體，卻又深入的問題，讓我們找到埋藏在潛意識裡的答案；並且融入許多她實地的諮商經驗，在成功協助這許多人之後出版這本書，閱讀它，相信您會有很大的收穫。祝福所有本書的讀者們都能開啟幸福快樂之門。

財團法人崇正基金會 經理 王秀燕

正面語言產生正面的能量

　　NLP 是從破解成功人士的語言及思維模式開始，將他們的思維模式進行解碼後，發現了人類思想、情緒和行為背後的規律，並將其歸結為一套可複製可模仿的程式。美國科羅拉多州政府曾下了一個貼切的定義：NLP 是關於人類行為和溝通程式的一套詳細可行的模式。也因此有眾多有心的老師致力推廣這種相當有成效的課程，吳璨因老師就是其中一位優秀的 NLP 教練。

　　語言是思維的載體，吳璨因老師從語言入手，革命性地將意識與潛意識的研究帶到一個全新的高度。難能可貴的，她不是只當作清談的理論，而是實踐於現實生活各個層面。眾多吳老師的學員，都因此改善生活，迎向光明的未來。

　　吳老師的學員年齡層相當廣，多元化的個案經驗，使她的輔導過程日益精進。

　　這本書用了許多小故事，講解了許多生活上的問題及解決方案，讓所有讀者都可產生共鳴，而心領神會。相信所有人拜讀此書後，都可以產生正面的能量！

台北市企業經營管理顧問從業人員職業工會 理事長　吳佰鴻

小故事大啟示

　　2013 年春暖花開時期，本人與本書作者吳璨因老師有幸同車前往關仔嶺參加「培根文教協會」舉辦「青年領袖營」，途中應璨因老師之邀，得知將出版一本著作，想讓在下能有參與序的部分，受邀真的榮幸。

　　璨因老師本著現代人都將凡事複雜化，而其 NLP 的精神適用於基本的生活，從信念、意願，選擇到接受，用很簡單、很單純的大腦，就很清晰的表達出來，透過很多的生活見證，深入淺出，道出現代人繁複又不實際的思維，通過本書能單純、簡單的悟出道理，能更輕鬆愉快的整理出有條不紊的雜務。

　　璨因老師所悟出之人生道理，堪稱從小故事悟出大道理之大成，閱讀本書，如倒吃甘蔗，愈融入愈有味道！願所有心煩燥不平安的人能藉此書成為快樂、滿足、有平安、喜樂的人生！

培根文教協會 理事長 徐正雄

用清晰頭腦圓滿人生

　　璨因是我成大 MBA 碩士班的學生，我對她的第一印象是她對人有敏銳的觀察力及同理心。她年紀很輕時就開始工作，期間不間斷地尋找自己人生的方向，從確認講師為自己人生的志業後，近十幾年間一直不間斷的從事培訓的工作，從剛開始專業的美容培訓到現在溝通、催眠和 NLP 教練，不斷地的將其豐富的知識和經驗在課堂中透過生動活潑的教學內容讓學生內化，並在眾多企業和社會人士的肯定下，進一步將其數十年工作和教學累積的經驗轉化為文字，希望可以點亮一盞明燈照亮在台灣這片土地努力打拼的辛苦人。

　　本書透過一則一則的故事，將 NLP 和教練想要傳達的概念，慢慢地寫入讀者的心中，讓大家逐漸有一個清晰的頭腦，讓大家做出最適合自己的選擇，走出自己想要的人生，請各位朋友花一頓飯的錢把這本書帶回家，用心閱讀，細細反思，你會發現，她提的問題，可以幫助你釐清你人生的價值觀和信念，讓你發現你設定的目標和你的信念是否有衝突，讓你可以快速往你的人生邁進，所以這次我鄭重推薦我學生寫的這本書，並祝閱讀完的你有個清晰的頭腦圓滿的人生。

國立成功大學企管系暨國際企業研究所 專任教授 康信鴻

身心靈平衡的曙光

　　這是一本很好的人生啟發勵志工具書，璨因老師結合身心靈學習，自我運用在生活、工作、家庭、事業上。

　　從學習教育、人格養成、信念建立、情緒管理、心智、健康、溝通、領導、行銷、目標、理財至情感經營等，內容生動深入淺出易讀。

　　璨因老師多年來在演講、學員實務課程中收集演練分析花了數年時間研究，終於完成這本我個人認為具有教育醫學成份的專業書籍，章節分明，實務分析說明簡單，在這方面國內研究學者少之又少，大多為國外翻譯書籍，與國人習性大不同。

　　近年來國人生活壓力大心靈病症增多，大部分是遇挫折、不懂與人溝通分享、學習上出現問題等。希望藉由本書的出刊讀者可學習並用、讓這社會充滿平安幸福快樂喜悅。相信讀者閱讀完本書會充滿正面能量，與大家共勉之，可隨手在身如生活字典翻閱，保持對人生展新的開始與傳承！

昇泰人文建築 總經理　曾俊源

心靈教練的啟發

　　璨因是一個很認真、很用心的女孩，不僅時時刻刻想要如何充實自己，更希望將她所學得的能夠再轉化影響其他需要成長的人，她從一個認真學習的過程中，體會到必須將如何消化吸收的過程，加以整理，然後傳授他人，讓別人能夠更容易、更有效得到箇中的精華，這種寓學以教的精神在一般年輕人裡是較難發現的！我發現她不僅在管理領域有深入的研究並形成自己的見解，而且多才多藝在舞蹈、繪畫、甚至為人處世皆有獨特的一面，令人十分欽佩！

　　這本 NLP（神經語言的程序編製）是研究大腦如何吸收運作，進而有效提升多方效率的傑作！透過作者深入淺出的詮釋與引導，讓讀者能夠輕易了解如何幫助自己大腦提升效率進而改變學習的方法，提升生活品質及工作效率而能受益匪淺！書中例舉許多實際生活範例，告訴我們大腦的直覺讓我們無意識的做下許多我們並不苟同的事情，而後悔莫及！

　　如果讀者能夠仔細咀嚼，就會領悟對我們不僅在日常生活、學習領域、心靈提升、健康維護、甚至商場運籌帷幄、感情經營都會有令人意想不到的收穫和進步！難能可貴的是能以愛為出發點、滋潤學習的動力，讓讀者不僅自我提升，更能以愛的心靈對待自己、

家人、朋友、夥伴、社會，進而淨化我們這個充滿利益、不安、不滿的周遭。

鳳記國際機械股份有限公司董事長
台南億載會副會長兼祕書長
台南一中校友獎學基金會董事長
台灣精密機械暨模具策略聯盟理事長
台灣機械工業同業公會副理事長

魏燦文

啟動幸福能量

　　2008 年，我在上海參與 NLP 國際教練的培訓課程。課程研習的過程，我深刻感受到「神經語言程式學（NLP）」其實和每個人息息相關！透過了解大腦的工作（溝通、學習、反饋）路徑，真正能為每個人帶來人生無限的助益。

　　我們不會做，是因為我們不知道。

　　我們不理解大腦的運作模式，如同一個小孩不能理解「錢」的作用一樣，必須透過觀察、學習、模仿週遭的人之後才能理解錢的功用，錢有什麼用途、錢怎麼用、如何獲得錢、錢如何管理……等等，一切關於錢的認知**自然**就形成了。

　　我們到電器行買電視，買電腦，或買果汁機，無論那個產品，都會附上一份使用說明書．然而我們來到人世間，人人都有一顆獨一無二的大腦，卻沒有附帶大腦的使用說明書。因此，我們必須透過種種方式觀察周遭所發生的事物，慢慢的摸索並找到一個自己認為適當的模式，以自己認為的模式生活；當別人告訴我們一件與我們認知不同的想法時，我們會懷疑它的正確性。但是，事實到底是如何？誰能真正的說明白呢？

我有一個朋友住在嘉義的鄉下，在他孩童時期，村子裡的有錢人買了村裡第一架電視，小朋友們自然感覺非常的稀奇，全都擠在那位有錢人家的窗口，看著電視上的楊麗花歌仔戲；因為太開心了，忘了回家，等到天黑回到家，被狠狠的罵了一頓，奶奶問他，到底跑去哪裡忘了回家，他回答：「我看見楊麗花，在一個黑黑方方的箱子裡演歌仔戲，因為太好看了，所以忘了回家。」奶奶又是一頓毒打後說：「晚回家就不對了，還說謊，楊麗花怎麼可能在箱子裡演歌仔戲？！」

　　大多數的人是眼見為憑的，在還沒親眼看到之前是不會相信及接受的，這就是大腦的工作模式，除非我們給大腦一個新的證據，大腦才會相信並且更新檔案。

　　當朋友的奶奶看到電視的那一剎那，你可以想像她的驚訝嗎？

　　我們所有的行為，都是依循大腦儲存的檔案而來。

　　了解大腦的工作（溝通、學習、反饋）路徑，我們才能重新理解在大腦中的檔案是如何形成的，在形成的過程當中是否夾帶著病毒，並藉此機會將病毒清除，使大腦的運作更為順暢、速度更快、力量更集中，使我們擁有一個清晰的頭腦。

　　當你打開這本書的同時，你已經建立了一條新的大腦溝通路徑，你與大腦有了一個新的聯結方法，這個聯結將會讓你看到一個全新的世界，是存在你腦中已久的世界，也許你很熟悉、也許你很陌生，也

許你很喜歡、也許你很討厭，也許……，不論如何，對你來說都是最好的安排。

在此感謝一路支持我的姊妹秀婷、雅芬、雅芳、冠冠、家琪、富華、Julian、敏鈴、Rebecca，還有我的孩子研寧，我的父母、兄弟姊妹，以及建立我人生價值觀的乾媽——吳金蓮女士，還有我最親愛的叡得教育訓練、璨因家族所有教練成員們，謝謝你們。

特別感謝

財團法人崇正基金會　王經理秀燕及全體志工

逸華啟發教育訓練機構　張芝華老師

財團法人好很好非常好基金會　董事長林俊良

第四屆 NLP 國際教練培訓課程　朵拉，Edan 教練、Helean 教練、Christina 教練、助理教練及同學

台北市企業經營管理顧問從業人員職業工會 理事長　吳佰鴻

培根文教協會　理事長　徐正雄

國立成功大學企管系暨國際企業研究所　專任教授 康信鴻

昇泰人文建築　總經理　曾俊源

鳳記國際機械股份有限公司 董事長　魏燦文

願宇宙正向的能量隨時與您同在。

序

目次

Part 2 啟動美好生命的鑰匙──信念

Part 3 讓生活更快樂的練習

Part 4 邁向幸福的道路

Part 5 結語

PART 0
前言

0-1 你想要一個清晰的頭腦嗎？

　　這是一本結合催眠、神經語言程式學、教練技術及心靈成長的書，透過本書讓你更清晰自己的大腦如何工作，了解大腦內存在著何等藍圖及檔案，並找出當時建構這些檔案時發生情形。

1. 為什麼這個事件會植入你的大腦而別的事件不會？
2. 大腦不願意放掉這個檔案的原因是什麼？
3. 這些檔案存在的意義是什麼？
4. 這些檔案如何影響你的人生？
5. 這些檔案如何影響你和家人的關係？
6. 這些檔案如何影響你的交友情形？
7. 這些檔案如何影響你的工作？
8. 這些檔案如何影響你對金錢的看法？
9. 什麼是你喜歡的？什麼是你不喜歡的？由哪個檔案來決定？可以改變嗎？

個案葳葳透過友人來找我。

我問：「你需要什麼樣的幫忙？」

葳葳：「我覺得自己的脾氣很不好，常常發怒，但生氣過後又很後悔。」

我說：「既然你知道自己脾氣不好，自己注意一下就好了。」

葳葳：「但是，我就是無法控制我自己，所以我覺得很痛苦。」

是的，道理我們都懂，但是我們沒辦法控制自己的情緒，就如同我們知道飢餓的道理，卻無法解除飢餓一樣。當我們的情緒因著一個狀況被啟動的時候，就如同水滾了一定會噴出蒸氣一樣的自然，若不關掉瓦斯爐上的火，蒸氣是不會停止冒出來的。

試圖想想，什麼是你瓦斯爐上的火呢？

1. 是與你對話的這個人？

2. 是這個事件？

3. 是你自己？

4. 或者跟以上都沒關係，只是存在大腦中的一個檔案被啟動罷了。

有時當電腦中的病毒被啟動，會無法控制的一直打開不同網頁，網頁在你面前一而再、再而三的被開啟，而你只能驚慌失措的望著電腦。當你將電腦關機後，你會將電腦送修並清除病毒。

是的，電腦有問題，我們會送修，會升級，會掃除病毒；當我們的大腦運作有了狀況，是否也該維修呢？身體的機能有狀況，可以透過醫院的儀器檢測，那大腦的運作是否健康，要如何檢測呢？

當你打開本書的同時，你已經為自己的大腦找到了一套掃毒檢測軟體，等你安裝到你的大腦，按下啟動的按鈕，然後你會看見，有多少的病毒被你清除、消滅，然後你能感受到沒有病毒的大腦，是如何工作的。

ＮＬＰ教練心語 ▶▶ ···

大腦也會短路，也會當機，也會中毒，也會因為超載而停擺！

時時為大腦掃毒、更新、升級是必須的工作。

大腦很簡單

一個朋友告訴我，他預期他企業明年的年營業額會達到新台幣一億元。

我問：「非常好，請問如何做到？」

他說一個專櫃單月可做八十萬業績，明年他會有十個專櫃，所以一年他就會有一億的營業額。

我問他：「80 萬 ×10 個專櫃 ×12 個月，如何會有一億？」

他說：「九千六百萬，所以差不多一億了。」

我問他：「這一個數學題目，國小的小朋友都算得出答案是九千六百萬，您如何告訴您的大腦會有一億呢？」

大腦如何相信一個錯誤的答案，然後去執行呢？

有人會說，差一點點有什麼關係？

有一個人救了一隻兔子，兔子說：「其實我是一個仙子，為了報答您的救命之恩，所以請您許一個願望，我將幫您實現它。」那個人萬分開心，決定好好把握這個機會翻身，因此許了一個願望說：「讓我變成有錢人。」仙子一口答應，說：「沒問題！」就在一陣煙霧中消失了。那人覺得口袋內有異樣，覺得非常開心，立即將手放進口袋裡，快速的將口袋裡的東西拿出來，出現在他眼前的是閃亮亮的「一塊錢」。

大腦和電腦有相似之處，都需要具體化的邏輯和數據。

對大腦而言，一塊錢是錢，一百萬也是錢，所以，我們必須將「錢」數據化，這樣大腦才會作出正確的運作。

其實，大腦很簡單，你下的指令越清楚，就越容易執行，當大腦出現疑惑的時候，它會選擇不執行，並且等待足夠信任的新證據之後，才會執行下一個動作。

很多人常常感到不盡人意，透過大腦運作程式，試著想想，您的指令是否下對了呢？

大腦很單純

在我孩提時期，一旦我吵鬧，我身邊的大人會說：「不要吵。」

當我在馬路上嬉戲的時候，我身邊的大人會說：「不要亂跑。」

當我沉迷於電視，不寫功課時，我身邊的大人會說：「不要再看電視了。」

結果是：我會繼續吵，我會繼續跑，我也會一直看電視。

你知道為什麼嗎？

因為，「吵」、「跑」、「看電視」這些字，持續在我腦中強

NLP教練心語 ▶▶ ....
心想一定事成，主軸是我們是否下對了「關鍵字」（key word）。

化，與我的身體連結，很快的做出動作，我如何停下來呢？

小時候我媽媽常說：「越怕越死。」（台語）意思是說，你越害怕的，越會發生。

你小時候可能說：「我以後一定不要嫁給當業務的人。」結果現在你的先生就是業務人員。

你可能說：「我一定不嫁給酒鬼。」結果，你又剛好嫁給愛喝酒的人。

為什麼會這樣？是老天爺捉弄你嗎？

不是的，其實，一切都只是因為你**「下錯了指令」**。

現在，請你深呼吸，輕輕閉上你的眼睛，試著**不要**想一朵白色盛開的蓮花。

你發現了什麼？

蓮花出現了嗎？

我是說，「不要」想呀。

怎麼蓮花會跑出來？

這就是大腦的工作模式。

現在，就讓我們親近自己的大腦，和大腦真正的充分合作吧！

ＮＬＰ教練心語 ▶▶

大腦擷取關鍵字（key word），單純如同小孩學說話，會搜取最終的用字。
讓我們開始使用正確並富有正面能量的字語。

PART 1
神經語言程式學 (NLP)

1-1 認識 NLP

　　「NLP」起源於七〇年代的美國，主要透過研究「大腦」——思維和神經系統、「語言」——語言結構、「行為」——身體動作和行為模式的互動關係，並藉由**改變信念再改變習慣和行為**。

　　NLP 是 Neuro Linguistic Programming（神經語言程式學，又稱為身心語言程式學）的縮寫，是研究人類心智活動，對於主觀認知的探討和整理。

N：Neuro（神經）

　　神經系統是人體接收外界信息的受器，透過神經，我們可以看、聽、嗅、嚐、感覺到身體感官功能。將這些接收的信息送進負責思考的大腦，透過大腦的整合後，仍然透過神經系統傳達信息給外界，維持內外的聯繫。

L：Linguistic（語言的）

　　語言是一種溝通的模式，透過共同的語言能使溝通更快速、準確，這裡所謂的語言涵蓋語言及非語言的溝通模式，這是一個媒介，用以互相理解彼此內在的想法、思想和內在情感。包括圖像、聲音、

感覺、味覺、嗅覺和自我對話。

P：Programming（程序編製）

是指發掘及善用大腦與潛意識運作的程式，並達到渴求目標的方法。意指透過提升或改變我們的思考方式或信念，來使生活更滿意；也可視為是大腦軟體的升級與殺毒。（潛意識中有一些我們並不了解的程式，但是我們的行為就是根據這些程式在運作。）

NLP 研究大腦如何運作以及如何有效提升大腦的運作效率，目的在於了解：

1. 我們如何建構屬於自己的內在世界？
2. 外界的信息如何進入我們的大腦？
3. 大腦如何選擇？
4. 我們如何認知這些信息？
5. 我們如何儲存這些信息？
6. 新的信息與舊的信息如何融合？
7. 當信息衝突時會發生什麼狀況？
8. 如何利用這些腦中儲存的信息？

「一朝被蛇咬、十年怕草繩」這是大腦儲存記憶的方法，也是大腦學習的方式。透過生活中的一個經驗，大腦會儲存一些它認為有用的資訊或資料，以便保護自己，避免下一次類似的失敗，原因

都來自潛意識中的「保護機制」，這是一個「大腦自動選擇最佳機制」的做法，因此，也影響了一個人的行為模式——**大腦製造出一個負面的情緒來保護自己，往往也使當事人無法快樂的生活，保護反成妨礙。**當然，每一次的經驗都有其意義及價值，都能使人成長進步。

從 NLP 的角度看，人能在一次經驗中製造出這份情緒，也能在另一次經驗中化解這份情緒，重要的是，**NLP 能將一次經驗分成兩段來處理，**事件帶來的價值意義被完整的保留下來，去支持當事人的未來，而負面的情緒則能消除，**也就是說「被蛇咬」所帶來的正面信息進入腦中，而「怕草繩」的恐懼情緒則可隨風飄逝。**

NLP 是一種感覺，不是一種方法，無論你做什麼，都是在創造和改變你身體對這個世界或是事件的感覺，我們因著這樣的感覺生活著。因此，創造你的感覺，才是 NLP 理想生活的最核心作法。而感覺由語言所創造，修正並改變語言結構及框架，才能真正創造你想要的人生。

NLP 的生活是一種藝術，是一種感覺，就像碘酒放入清澈的酵素分解水當中一樣，會在攪拌過程中將碘酒分解，水又回復原來的清澈。

NLP 像是跳恰恰，與別人溝通有進有退，當你很熟練時，你能在節奏內自由旋轉，並適時與你的夥伴銜接上舞步；或像是做手部繞圈運動，只有自己能覺察是否順暢，別人可能看不出你旋轉手臂時肢體細微的阻礙，但你自己會知道；如同你吃一顆草莓是什麼感覺，只有你自己知道。

1-2 NLP 的精神與生活應用

NLP 的精神與基本假設

●沒有兩個人是一樣的。

●「有效」比「有道理」重要。

●一個人不能控制另一個人。

●人們的行為取決於他們對世界的詮釋,而非世界的實際面貌。

●地圖不等於疆域(內在的詮釋不等於外在的事件)。【人們根據自己心中描繪的地圖(感覺)來行動,而非根據事實上(理智)的經驗。】

●不管任何時候,人們總是傾向做對自己最有利的選擇。

●世上的每一個事件,都至少有一個以上的不同見解。

●有選擇比沒選擇好。(一個選擇等於沒有選擇;兩個選擇是兩難;三個以上的選擇才算選擇。)(凡事必有三種以上的解決方法。)

●最具彈性的人,也擁有最多選擇,將會主導互動的關係。

●每個行為的背後,都有其更高的善意存在。(正向意圖。)

●所有的行為都代表著一種溝通的模式。(溝通無所不在。)

●沒有所謂的失敗,只有回饋;行不通,再換個方式。(溝通的意義都在於它所引起的反應。)

●任何人都可以活得富足無缺。(每個人都具備成功與快樂的資源,沒有人是應該被修理的。)

國外應用 NLP 的範疇

教育領域	個人有效學習、加強小孩學習力、職員組織、自我有效終生學習
行為調整	人格養成、肢體語言
潛能開發	自我認識、增加創造力及潛力
情緒轉換	身心平衡、情緒管理、靈性開發及成長
心智重塑	無自信、懦弱、過動、沒有目標……
心理治療	心靈創傷、憂鬱症、受虐、懼高症、怕水……
健康維護	減肥、戒菸、戒毒、消除壓力、身心不適症……
商業競爭力	如何溝通、提升銷售、談判技巧、領導統御……
感情經營	美滿婚姻、親子關係、同性戀VS異性戀、友誼成長……

1-3 認識 NLP 教練

首先，我們必須釐清一些觀念，了解 NLP 教練、心靈導師、老師、顧問以及朋友有什麼不同？

什麼是「NLP 教練」？

（一）

有一婦人死了兒子，傷痛欲絕，懇求佛祖讓她兒子復活，佛祖說：「你去找一戶人家，並向那戶人家要一把米，帶回來給我，我就使你的兒子復活，這戶人家必須家中從未有人過世。」

那婦人遍尋不著這樣的人家後，回到佛祖面前，並了解佛祖的用心是要她看清事實真相，並接受宇宙的生死法則。

（二）

達摩祖師與二祖慧可的對話：

師曰：「我心未寧，乞師與安。」

祖曰：「將心來，與汝安。」

師良久曰：「覓心了不可得。」

祖曰：「我與汝安心竟。」

大意是，慧可大師請求達摩祖師為其安心。慧可大師說：「我的心不安寧，請祖師為我安心。」達摩祖師說：「請將心拿來，我為你安。」

過了許久，慧可大師說：「心，找也找不到。」達摩祖師說：「我已將你的心安好了。」

（三）

佛印正坐在船上與東坡把酒話禪，突然聽到「有人落水了！」，佛印馬上跳入水中把人救起。被救的人是一位少婦。

佛印問：「年紀輕輕，為何輕生？」

婦人：「我剛結婚三年，丈夫就拋棄了我，孩子也死了，你說，我活著還有什麼意思？」

佛印又問：「結婚前你是怎麼過的？」

少婦說：「那時我無憂無慮、自由自在。」

佛印又問：「那時你有先生、孩子嗎？」

少婦說：「當然沒有。」

佛印說：「那你不過被命運送回到了三年前。現在你又無憂無慮、自由自在了。」

少婦如夢初醒。

在以上的三則故事中，佛祖、達摩祖師和佛印就是 NLP 教練。

ＮＬＰ教練心語 ▶▶ ....

教練使被教練者，針對他所做出的選擇，有更深入的認識，但不做出任何諫言。

什麼是「心靈導師」？

蘇格拉底的門生匆匆忙忙地跑來找蘇格拉底，興奮地說：「告訴你一件事，你絕對意想不到的……」

蘇格拉底說：「等一下！你要告訴我的話，用三個篩子過濾了嗎？」

他的學生不解地搖了搖頭。

蘇格拉底接著說：「當你要告訴別人一件事時，至少應該用三個篩子過濾一遍！第一個篩子叫做『真實』，你要告訴我的事是真實的嗎？」

門生說：「我是從街上聽來的，大家都這麼說，我也不知道是不是真的。」

蘇格拉底接著說：「那就應該用第二個篩子去檢查，如果不是真的，至少也應該是『善意』，你要告訴我的事是善意的嗎？」

門生說：「不，剛好相反。」

蘇格拉底溫和耐心地繼續說：「那麼我們再用第三個篩子檢查看看，你這麼急著要告訴我的事，是『重要』的嗎？」

門生說：「並不是很重要。」

蘇格拉底接著又說：「既然這個消息並不重要，又不是出自善意，更不知道它是真是假，你又何必說呢？說了也只會造成我們兩個人的困擾罷了。」

以上的故事中，蘇格拉底就是一個心靈的導師。

什麼是「老師」？

老師以其專業提供適當的答案，在其專業領域中，傳道、授業、解惑。

什麼是「顧問」？

顧問是學有專精的人，在專業的領域中提供分析、建議及評估。當你有一個目標或大概的方向，但是希望能更快的進入狀況或達成目標，需要別人的經驗及建議或專業的指導，顧問就是一個很好的選擇，例如你要結婚了，你可以請教婚禮顧問如何籌備婚禮；你有法律上的困擾，你可以請律師作為你的顧問；你希望公司能更有效率、績效更好，企業管理顧問就是你很好的選擇。

什麼是「朋友」？

朋友的界定非常主觀，也許有人覺得我傷心的時候他陪我，他就是我的朋友；有人覺得我困難的時候幫助我，才是我的朋友；有

NLP教練心語 ▶ ▶ ....

心靈導師是在人們尚未犯下錯誤之前，提供一個行為的指標和準則，避免使人們的生活及生命陷入煩惱與恐懼當中，使心靈在沒有被污染之前就得到平靜的方法。

人覺得借錢給我，才是我的朋友；有人覺得，給我做足面子的人是我朋友；有人覺得跟我喝酒才是朋友。

小梅只要一談戀愛就像十八歲一樣，完全忘了自己已近四十，因此屢次在愛情的世界裡迷失，甚至受傷。朋友都知道我是一個早睡的人，晚上十點以後，若非緊急事件絕不會打電話給我，小梅只要半夜打電話給我，我就知道我又必須整夜不睡了，我聽她說著重複的情節，重複流著眼淚，給她重複的建議，讓她重複的思考，聽她說重複的決定、下重複的決心，然後，重複繼續輪迴著……。因為，這是我身為她朋友所能做的，也是當時她所需要的，但這是不是最好的，就因人而異了。

因此，當你的人生遇到困惑時，想找誰幫忙，或應該找誰幫忙，你知道嗎？你何時需要什麼人陪在你的身邊，你知道嗎？

你的終極目標決定你需要找誰談話。

ＮＬＰ教練心語 ▶ ▶ ⋯⋯⋯⋯⋯⋯⋯⋯⋯⋯⋯⋯⋯⋯⋯⋯⋯⋯⋯⋯⋯⋯⋯⋯⋯⋯⋯
找錯對象，比沒找更糟糕。

NLP 教練幫助你看到你看不見的自己

身為 NLP 教練，我覺得這真是一個神奇的工作，有時我都比被教練者有著更多的驚訝。

被教練者因為一個困擾找不到解決的方法而尋求教練協助，然而最終的答案還是在被教練者的身上；有時候，我用有形的教練方法，有時我用無形的教練方法，不論有形、無形的方法，被教練者一開始都會懷疑是否有效，但最後效果都令他們感到驚訝，他們的回饋更是令我興奮不已。

有時候只是一個有效提問就能令被教練者擺脫無法入睡的困擾，一個簡單的平衡輪圈測試就能令被教練者熱淚盈眶、看見自己的問題，並看見自己的盲點，因為「發現」而產生新的可能。

你先相信？還是先看到？

在我未學 NLP 教練技巧前，我需要花很多時間才能幫助我的客戶，而如今我能更有效、更迅速幫助別人，又不陷入拯救者的角色，讓我自己非常平衡又自在。教練技術真的是一個強而有力的技巧，希望每個人都能有機會被教練，那是一個會令你難忘的生命經驗之一。

● 教練是支持被教練者發覺內在的資源，放下過去的想法並達成目標。
● 教練保持好奇心，保持開放的心，在教練當下全然的傾聽，不給建議、不給方法、不給答案、沒有判斷，分享新的想法、擬定達成目標的步驟。

PART 1　神經語言程式學（NLP）

● 教練透過動搖、尋找、改變信念，以改變過去和未來，幫助他人獲得真正的力量。

● 每個人都覺得所有事情都是在自己的掌握當中，站在教練的角度，這絕對是正確的。而教練的存在就是要「**幫助你看見你看不到的自己**」。

我相信，我的信念指引我的行為，我的行為決定我的命運。

在人看

PART 2
啟動美好生命的鑰匙
——信念

2-1 「信念」帶領人生之路

「信念」，是深植在大腦裡不變的一句話。

　　每個人心中都有信念，而這個信念在何時建立的，其實我們自己不一定知道，但是我們藉著信念生活是肯定的，因此，若你不知道自己的信念是什麼，你如何改變？

　　我的阿姨是一個難以入睡的人，她逢人總是說：「我很難入睡。」我問她為什麼？她說：「我從年輕時就很難入睡。」這讓我想起多年前一件事，那時我念夜間部，總是需要在下班後搭校車到學校唸書，同班一個同學跟我很要好，我們在同一站上下車，我們通常需要搭車三十至四十分鐘去學校，我總是能在上車五分鐘內入睡，利用時間稍稍補眠，我這個同學就沒我的天分，她總是很懊惱，當她快睡著時就需要下車了，她常問我：「你是如何辦到的？我實在很難睡。」

　　我告訴她：「這非常簡單，因為我每天都告訴我自己，**我非常好入睡，只要我要睡，能隨時快速入睡**，這樣就可以了。」她不相信，我告訴她這是可以訓練的。後來，她也跟我有一樣的功力。其實，我只是請她改變她對於「睡眠」的信念罷了。

　　這跟大多數的人無法減肥成功一樣，這些人會說：「真可惡，我連喝水都會胖！」、「我吸空氣就胖了！」這樣的人吃再多減肥

產品，得到的結果也會很有限，因為這句關於「身材」的信念，會分分秒秒的工作著。

所有自然減重成功的案例，一定先有一個信念，那就是「我一定能瘦下來」，然後，一切所有的瘦身計畫及工作才會啟動；一個不相信自己可以瘦下來的人，而又極度希望自己快速窈窕，她不會選擇瘦身計畫，她會去做抽脂。

你的信念帶領你的人生之路

很多家長將她的小孩送來教練，希望能調整小孩的不當行為，例如：考試作弊、偷東西、催吐、啃咬指甲、言行粗暴、課業不佳、不敢騎腳踏車、妥瑞氏症……等，我們只需要找到他的**相對信念**，就能改變其行為模式。

「模仿卓越」也是信念的工作。我有一個個案是女性，身高168公分，希望自己看起來更輕盈，她平時穿著寬鬆衣服，刻意掩飾自己的身材。我請她選擇一位她想成為的人選（身材），她立刻說：林志玲。我要她隨時都想著林志玲的身材，無論睡前、起床、上廁所、吃東西，隨時隨地，並念出聲或默念：我有林志玲的身材。不出兩個月，所有的人都說她變瘦了，變漂亮了，她改穿較合身的衣服，也穿短褲露出修長的腿。

你可能會說：相信就會得到，豈不是癡人說夢？

其實，潛意識確實是這樣工作的，**當你全然的相信，必定會生出力量**，這些力量會轉換成能量，能量會以物質的型態呈現出來，

而你的身體會與其相應，產生共振，並建立一個新的工作型態，進而改變結果。

如果你相信潛意識的力量，你會相信所有的成果將自然呈現。這也是奇蹟之所以發生的原因。

注意力就是焦點，焦點能快速進入你的感官系統，如視覺、聽覺及感覺的神經系統，以及內在自我的對話也會被啟動。

當你想擁有林志玲一樣的身材時，你會不自主的關注經過你身邊的窈窕女性，你會關注窈窕女生的穿著，你會關注窈窕的女生吃些什麼，做些什麼，她們談論什麼話題，你會在這些人身上找林志玲的身影而不自知，模仿的行為不知不覺開始啟動，你開始微調你的行為模式，飲食習慣開始改變，多吃了一些蔬菜，少吃了一些肉，多喝了一些水，開始上 SPA 做推脂課程，上健身房運動，這些可能是以前不會做的事，因為信念改變，都變成了事實，自然改變了結果。

信念是如何形成的？

信念的形成，來自於經驗和學習，有時來自於自我的內在想法。

有一個國家的國王，喜愛狩獵，有一回帶著宰相及隨從外出狩獵，獵得一隻花豹時，卻不小心被咬掉半根小指頭，國王心中非常懊惱，卻無處可發，找來宰相喝酒解愁，宰相知道後，安慰國王說：「少了半截手指頭，比少了生命好，一切都是最好的安排。」國王聽後非常惱怒的說：「若我現在將你殺了，也是最好的安排？」宰

相說：「我相信，那也是最好的安排。」國王立刻下令，命人將宰相拖出去殺了，途中，國王又下令先將宰相關進大牢，宰相笑著說：「那也是最好的安排。」

一個月後，國王微服出巡，照往例一定是宰相陪同，今日宰相被自己下令關進大牢，國王只好自己隨處走走。途中忽然被一群蠻荒族人給捉走了，該族人部落因為月圓即將祭祀滿月女神，需要活人當祭品，國王心想，我這下死定了。當祭司剝光國王的衣服，覺得今天的祭品真是太完美了，忽然，他看見國王的缺指，就令族人將國王釋放了，因為，祭祀滿月女神的祭品是不能有殘缺的。

國王撿回一命，高興的將宰相釋放，並對宰相說：「你說的對，一切都是最好的安排，若不是花豹咬斷了我的手指，我今天就死定了。」宰相也很高興國王有了新的體認。國王對於無故將宰相關進大牢深表歉意，宰相則開心的說：「大王，您將我關進大牢，也是最好的安排呀！否則，今天陪您微服出巡，被當祭品的人，就是我了，感謝大王救我一命呀！」國王哈哈大笑說：「果然一切都是最好的安排。」

偷斧頭的人

在一座森林當中，兩個樵夫比鄰而居。有一天，甲樵夫發現自己的斧頭不見了，他左思右想，這座森林中只有我們兩個樵夫，也沒見過有其他的人來過，我的斧頭肯定是被乙樵夫給偷走了。甲樵夫開始偷偷觀察乙樵夫的一舉一動，甲樵夫發現乙樵夫今天比平常

特別早去森林中砍柴，心想：他一定是偷了我的斧頭，怕跟我照面，提早出門了，斧頭一定是他偷走的。當傍晚甲樵夫回到家時，乙樵夫煮了一鍋湯端來請甲樵夫，甲樵夫更肯定乙樵夫做賊心虛。如此幾天，甲樵夫無論怎麼看，都覺得乙樵夫就是偷走斧頭的人。一星期後，甲樵夫在森林某一處找到自己的斧頭，倏忽想起那天因下雨匆忙的離開，而將斧頭遺忘了。當甲樵夫找到了他的斧頭，無論他怎麼看乙樵夫，乙樵夫都不像偷斧頭的人。

這是一個非常典型的「信念建立」、「信念如何工作」、「信念轉換」的故事。

「信念建立」：左思右想，這座森林中只有我們兩個樵夫，也沒見過有其他的人來過，我的斧頭肯定是被乙樵夫給偷走了。──**信念有時無中生有，有時依經驗、邏輯分析後形成。**

「信念如何工作」：比平常特別早去森林中砍柴，心想：他一定是偷了我的斧頭，怕跟我照面，提早出門了，斧頭一定是他偷走的；當傍晚甲樵夫回到家時，乙樵夫煮了一鍋湯端來請甲樵夫，甲樵夫更肯定乙樵夫作賊心虛。甲樵夫無論怎麼看，都覺得乙樵夫就是偷走斧頭的人。──**信念會去尋找證據，以增加其強度，無論是真是假。**

「信念轉換」：當甲樵夫找到了他的斧頭，無論他怎麼看乙樵夫，乙樵夫都不像偷斧頭的人。──**當找到新的證據，足以推翻舊有的信念時，信念會因此而改變。**

很慶幸，信念不是永遠不變的，它可以依照你的選擇而改變，我們運用改變信念可以創造更多的可能，過更美好的人生。

有時當我們堅信一個信念時，我們會陷入一個盲點。

我怕水

　　莉娜是個三十幾歲的摩登美女，住在南京，她莫名的怕水，希望能找到原因。透過我的引導，莉娜進入潛意識的催眠狀態中，她感覺她在水中無法呼吸，然後她死了。我要她回到落水的前五分鐘，看看自己在做什麼；她說她站在岸邊，那是一個無柵欄的碼頭，是她自己不小心掉下去的，將她從水中打撈上岸的，就是她現在的先生。我們釐清這個潛意識的情境，試著找出水跟莉娜的恐懼有何關聯，並從中切割，也就是切斷這一個深藏在潛意識的恐懼來源。

我們也可以透過時間回溯去改變潛意識當中的信念。

不敢騎腳踏車

　　國小三年級的筱雯，兩年前有一次與家人在河堤騎腳踏車，忽然一隻狗跑出來，她受到驚嚇跌倒在地上，受了一點擦傷，但是從此不敢再騎腳踏車，並且感覺自己因此而變笨了，讀書都記不起來。媽媽說她每天都讀到晚上十二點，但是成績總是不理想。透過時間回溯及重新認知的建立，切斷大腦對於兩件事情的自動連結，只透

過一次的教練環節，筱雯就重新騎上腳踏車，唸書也感覺較輕鬆，成績有顯著的進步。

記憶吐司

伶伶即將在 2 月參加學測，經過三次的教練後，她這次的測試成績每個科目拉高了 2 分，而且是很平均的分數提昇，她覺得很有成效、也增加了一些信心。

我問她：「這次的教練目標是什麼？」

她說：「說不上來。」

我問她：「現在做哪一件事會令你感到開心？」

她說：「不用讀書。」

我說：「之前你告訴過我，讀書能令你學習到東西，你很喜歡，現在你說不用讀書你會開心，到底是如何？」

她說：「現在感覺讀書像是在時間內要將所有的東西都塞進我的頭腦裡，有時會覺得塞不進去。」

我問她：「你能用一個字形容讀書，而且是輕鬆愉快的嗎？」

她說：「吸收。」

我說：「很好，你能跟我分享一下什麼叫做吸收嗎？」

她說：「就是把需要的留下來，把不需要的排出去。」

我說：「非常好，你閉起眼睛想像一下，你吃進去一些東西，然後經過胃的消化，然後進到小腸被你的身體吸收養分，然後將不需要的東西排出體外，這一切是那麼的自然，那麼的愉快。這就是

你讀書的感覺。」我問她可以感覺的到嗎？

她說：「可以。」

我說：「當你保有這樣的感覺時坐在書桌前讀書，會有一個畫面，那是在什麼地方？」

她說：「我的書房。」

我說：「你能告訴我你穿什麼樣的衣服？頭髮是放下來，還是綁起來？你能感覺有人在看你嗎？」

她說：「我穿T恤、短褲，頭髮放下來，感覺很輕鬆，不覺得有人在看我，很專心。」

我說：「你知道小叮噹有一個寶物叫做記憶吐司嗎？那是因為大雄總是記不住課本的內容，請小叮噹拿出來的法寶，將記憶吐司在課本上印一下，吃下吐司就能記住課本的內容了。」

她說：「知道。」

我說：「現在，請你想像一張圖畫在你的左手邊，而這個圖畫是會動的，在這個圖畫裡，你可以看見大雄硬是吃下記憶吐司的痛苦表情，你可以看見嗎？」

她笑著說：「可以。」

我說：「現在，請你想像一張圖畫在你的右手邊，就是你坐在你的書房前，吸收式的讀書模樣，穿著T恤、短褲，頭髮放下來，感覺很輕鬆，不覺得有人在看你，很專心。請你將右邊的這張圖疊到左邊的那張圖畫上面，現在還看得到大雄嗎？」

她笑著說：「不行」。

我問：「那你現在看到什麼？」

她說：「我很認真的坐在書桌前看書。」

信念會在我們的腦中形成圖像，透過圖像式的更換也是信念改變的一個好方法。

(練)(習)

NLP 如何改變信念？

關於我的信念

我很＿＿＿＿＿＿＿＿＿＿＿＿＿＿＿＿＿＿＿＿＿＿＿。

我很＿＿＿＿＿＿＿＿＿＿＿＿＿＿＿＿＿＿＿＿＿＿＿。

我很＿＿＿＿＿＿＿＿＿＿＿＿＿＿＿＿＿＿＿＿＿＿＿。

我很＿＿＿＿＿＿＿＿＿＿＿＿＿＿＿＿＿＿＿＿＿＿＿。

我很＿＿＿＿＿＿＿＿＿＿＿＿＿＿＿＿＿＿＿＿＿＿＿。

唯心靈小語

我相信，在適當的時候運用適當信念能使我更有力量。

在人看

0
4
9

以上哪些是你想改變的？

哪些是你想保持的？

將想改變的打叉，想保持的圈起來，將圈起來的那句話寫下來，貼在每天一定會看得見並停留的地方，如廁所鏡子、穿衣鏡前、衣櫥前面、手機背面，每天大聲的唸出來，或默念，植入你的潛意識，你將會看到你期望的自己。

至於那些你不想要的信念，請再打叉的信念後面，換上一條你想要的信念，例如：我很笨（×），換成→我認真學習。在手上帶一條橡皮筋，當「我很笨」忽然在腦中冒出來時，立刻用力彈橡皮筋，讓痛覺在你身上串流，去打斷你原有的神經連結，並趁著此時建立一個新的信念「我認真學習」去填補大腦中神經記憶的空缺，使新的信念快速崁入神經系統當中，同時給於神經系統一個新的刺激（在剛才的痛點上），如輕撫、親吻或握住。

漸漸你會發現，那些你想改變的信念，出現的頻率會減少，甚至完全想不起來。

NLP 教練技巧

我們運用「打斷」技巧來阻斷信念的連結及強化，並利用「重新建構」的方式建立一個新的信念，有時我們單獨使用，有時我們同時使用。在一個信念產生行為的同時，我們也可利用「打斷」來切斷其行為，例如：一個小朋友會不斷的吐舌頭，你可在他吐舌頭時大聲喝止他，或用手指彈他的舌頭，若還是無效，我們則選擇理

解其吐舌頭動作背後的動機為何，在從信念的結構上去改變，進而
改變其行為，日常生活中也可透過觀察某人行為模式，而推演出他
可能有的信念，這也是所有談判策略成功的關鍵。

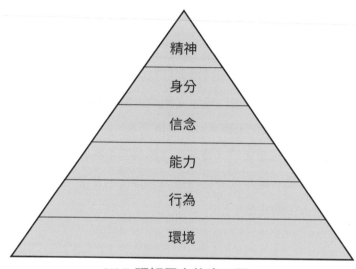

NLP 理解層次的應用圖

環境、行為、能力、信念、身分（人生的定位、使命）、精神（神
性、靈性、遠景）。

這個理解層次的三角形是可上可下的，依照不同需求會有不同
的作法，有一部分的人選擇由下而上，例如：一些家長將他的子女
送往美國，讓他在美語的環境中，慢慢的他會和別人用美語交談
（行為），漸漸的，他就能有美語的聽、說、讀、寫（能力），「信
念」在此時會成為一個轉折點，他可能將美語教學當成他的工作，

他會成為一位美語教師，這個工作可能成就他的身分（人生定位），是否能夠做的出色，就看他（精神）層次中靈魂的定位了，也就是他的使命感。

而另一部分的人，是由上向下工作的。一位領袖，是先擁有一個遠大宏觀的願景，並且在這條前往這個宏觀遠景的道路上，堅持保有崇高的**精神**狀態，理解自己在這個使命中的角色**定位**，並策動其**信念**的力量，讓自己擁有朝向遠大目標所需要的**能力**，充分表現出應有的**行為**，並創造一個以遠大宏觀為主軸的**環境**。有太多的宗教領袖、政治領袖、環保工作者、品牌創立者、都是這樣工作的。

NLP 主要是從信念著手，藉著信念的改變，將會使這個三角形向上向下產生影響，進而改變你的能力、行為、及環境，也影響你人生定位及對人生的使命。

2-2 承諾、改變、接納與肯定

　　完成了成人溝通班的課程，看見學員有很大的進展感覺很開心，聽著學員的分享，知道在這一天中對他的信念出現什麼樣的改變，而這個改變對他是如何產生力量，並且對自己做出一個新的期許，感到非常的感動。

　　承諾自己改變需要很大的勇氣，因為那必須先放掉原來的自己，否定自己之後再接納自己進而肯定自己，這是每個成長的人，每天都在做的事情。

　　「證明你是對的」和「擁有一個清晰的頭腦」你會選哪一個？

　　我們的頭腦是宇宙的一部分，擁有宇宙所有的特質，宇宙是有規律的運轉，喜歡美好的事物，按照自然的節奏有春、夏、秋、冬，也有高氣壓、低氣壓，喜歡平靜、寧靜的感覺，我們自然必須接納這樣的特質，有一定的作息時間，有開心、有生氣，必須讓事情在我們的腦中像春、夏、秋、冬一般，有一定的流動，接納事情在變化中進行，有一定的節奏，不能強求，就像古人說的「合久必分、分久必合」一樣，最後都會回到一樣的狀態，就像春天一定會來一樣，只是去年的春天和今年的春天一定會有一些不同，也許春天會遲到，但絕對不會不到的。

　　如果你只喜歡夏天，而不讓夏天離開，想盡辦法想留住夏天，那真是自找麻煩。就像有人執著於一份情感，一個名分，死命的緊

在人看

抓住不放，每天擔心提心吊膽，害怕失去，就像想留住夏天一樣。

現在，在你心中是否有一件事情反覆的翻騰，那是什麼樣的感覺？像是哪個季節？春天？夏天？秋天？還是冬天？它擁有什麼樣的特質？如何才能邁向下一個季節？需要放下一些什麼？丟掉一些什麼？

最近為一個上市公司資深經理做教練，他患有憂鬱症，已服藥多時，也看了心理醫生，仍覺得生活沒有意義，他說公事令他感覺無力，因為太多人想走捷徑、用特權，他不喜歡，但又必須聽命於主管；他說他可以一年不用工作，想離職又因為情份走不了，我問他那是什麼樣的感覺？像是春夏秋冬的哪一個季節？他說是冬天，我問他一棵樹要過冬必須怎麼做？他說要落葉以求生存，我說你的工作就是一棵樹，現在要過冬，你需要凋落的葉子是什麼？他想了很久後回答說他要離職，我說若你貿然下決定，那你是把那棵樹砍了，不是想度過這個冬天，迎接春天。

每個人都能為自己做出選擇，當然包括離職，但若不是頭腦清晰的離開一個工作環境，只是進入另一個循環罷了，再過幾年還是會回到原點，因為根本的問題並沒有處理，那個能量沒有釋放，只是壓到深層，還是存在的。

並不是看不見就不存在，看不見的力量才真的是驚人的。信念決定你的一生，找出自己的信念比任何事都重要。

2-3 「意願」的力量

　　結婚典禮中，牧師總是會先問新娘：「你願意嫁給某某人嗎？」在新娘回答之前，所有人都全神貫注在等著從新娘口中吐出來的那兩個字——「願意」，因為這兩個字代表著一個人的**意願**，當一個人沒有意願時，所做的事和擁有意願時的作法是截然不同的。

　　大多數的人，每天都在做著自己覺得重要的事，但是卻從來沒問過自己：「我願意嗎？」因此，當有一天，你所做的不被接受或感激，當有一天覺得自己不想再做這些事的時候，你會開始懷疑自己，我為什麼要這樣做？我到底都在做些什麼？這麼做是為了什麼？為了誰？

　　人類是習慣的動物，一旦我們啟動了一個機制或行為模式，它就會持續運轉下去，直到發生一些狀況，運轉受到阻礙，我們才會重新審視是否要繼續運作這樣的模式，以便達到身心的平衡。

　　我們看見一些女人，因為嫁了人，就放棄自己的事業機會，回家洗手作羹湯，在家相夫教子，無怨無悔。但是當先生對家庭不忠實，她就想：我到底為什麼要付出我的一切，只為了愛一個男人，而且是一個對不起我的人。因此她開始重新審視自己的意願，為自己重新設立意願及定位。

　　也有一些人，無論遇到多大的暴力事件，或被欺騙，也寧願回到施暴者的身邊，並且為對方說了一百個、一萬個理由，即使周圍

所有的人都提醒他看清事實，他還是會回到原點，因為，回到原點就是他所堅持的「意願」。

因此，「意願」有非常強大的力量在指引我們的生活，沒有一個人能在沒有意願的狀況下持續做一件事。

你叫一個小朋友幫忙做家事，他若沒有意願，勢必做的心不甘、情不願，甚至你還必須重做一遍；但是，如果他有很強的意願支持著他，他就會做得很起勁，甚至超出你的預期。例如你說：等做完家事你會送他一個喜歡的禮物，這就是一個提升意願的方法。相同的道理，一個員工做事不用心，老是找機會摸魚偷懶，你就能看出他工作的意願有多少了。

我的一個女性朋友小楨，迷戀一個男人，這個男人長的肥肥胖胖，臉上總是油油的，而且不只交一個女朋友，劈腿還被抓到，我們總是提醒小楨，叫她盡快與他分手。一日我們姐妹淘聚在一起聊天，姐妹們又是一陣勸說，她一心一意想跟他在一起，小楨說：「你們不知道，因為你們看不到他的真、善、美，而且你們不覺得他長得汁多味美嗎？」我們全部的人差點沒當場昏倒。

你能看見意願的力量有多麼的強大了嗎？

現在，看看你的生活，你一天 24 小時都在做些什麼？

你為什麼會做這些事？你想要得到的結果是什麼？做這些事會令你如何（會得到或失去什麼）？

這些結果是支持你意願的力量嗎？

如果答案是你想要的，那我非常恭喜你，若不是，請往前找找，是哪裡出了狀況？你可以如何調整？這麼做能令你身心平衡嗎？會因為做了這個調整，而使生活失去平衡嗎？若不會，那就放手去做吧！

NLP 技巧：意願可以被建立

　　你可以百分之百的過你想要的生活，只要你學會設立意願的技巧。意願不是目標，目標是大腦裡一個想要達成的結果，意願是一個狀態的設定，是進入到一個你設定的身心狀態，當目標與意願結合時，目標會在你掌握的狀態下達成。對於一個業務員來說，將展開一天的行程時，你可以設定你一天的目標及意願，今天的目標是拜訪幾個新客戶、幾個舊客戶、成交多少業績，而意願是，愉快的、專注的、開放的、輕鬆的、有彈性的、享受的、好奇的。
當一天結束時，你可以審視目標與意願達成的狀況是如何，以 1~10 分來評分，分數越高，達成率也越高，漸漸的，你的目標及意願達成率也會與日俱增。

　　「意願」──選擇所愛、愛所選擇。

ＮＬＰ教練心語 ▶▶ ……………………………………………

教練不給建議，不給方法，幫助你找到內在的力量。

教練是一個內省助人的工作，我感覺教練像禪宗一般，直指人心。

教練出自悲憫的慈心，帶我看見宇宙的真相。

PART 2　啟動美好生命的鑰匙──信念

2-4 做一個乾淨的「選擇」

我必須為我的選擇承擔，無論是上山還是下山。

小寧是兩個孩子的媽，嫁入豪門生了兩個女兒，有一天她忽然問我：「你覺得我要不要再生？」

我說：「這問題應該要跟你先生商量吧？」

她接著說：「如果我大嫂生，我就不生了。」

我說：「你的選擇不乾淨。」

她瞪大眼睛問：「這是什麼意思？」

很多人在決定一件事的時候，常常會作出一個不乾淨的選擇，他們下決定的最終原因是因為一個其他的理由，而非自己的意願。

我們為著某些原因害怕做決定，可能是恐懼、對未來的不確定性、內心匱乏、希望得到認同……等，最終做出一個自己勉為其難的選擇。這會在大腦形成一個習慣，不是因為喜悦而做出選擇，而是因為不得已，這樣的慣性會令生活沒有動力、生命沒有目標。

芸芸說：「我看到東西會想要買給我的妹妹，因為她們對我兒子很好，我覺得我應該買禮物送她們。」但是每次買時，又會掙扎，感到勉強。

我說：「你的購買來自匱乏，而非豐盛。」

當我們的購買來自於補償心理，內在就無法真正感受到購買的

歡樂和愉快，無法達到購買的滿足，而只會加深匱乏的感覺，匱乏滋養了匱乏，所以內心感到不開心。也任匱乏在你的內心發芽。

要練習帶著祝福和豐盛購買，看到一個喜歡的東西就買，當看到一個適合誰的東西就買來給他，你會感到非常的豐盛，去建立購買與豐盛的連結，讓豐盛分分秒秒與你在一起。

我們要練習覺察豐盛的感覺，建立豐盛的感覺，放大豐盛的感覺。

ＮＬＰ教練心語 ▶ ▶ ···
聰明是明白自己的選擇；智慧是對自己的選擇明白。

你每次做出選擇的時候，都帶著怎樣的情緒？

你願意為你的選擇負起責任嗎？

你的選擇乾淨嗎？

2-5 學習「接受」，才能往前走

　　很多事發生後，我們無法消化、面對，對於事件中的人事物存在著不滿及抱怨的感覺，其實最大的原因，是因為我們**不願意接受**。

　　美雲是一個銀行的職員，與她同組的夥伴只有一位，當這個夥伴請生產假時，主管派了一個別組的夥伴 A 來請她訓練，以便能分擔她的工作，但是美雲對這樣的安排很不能認同，因此內心不能平衡，有些抱怨，她覺得主管應該派 B 來支援才對，因為 B 之前曾經擔任過這項工作，比較快上手，也不需她再多花時間訓練，指派 B 才是最好的安排。因此美雲被卡在事件的當中，無法前進。

　　是的，我們的心中都有一個希望事件發展的途徑，但是當事與願違時，要如何你才能接受？

　　小強的父親是一個好好先生，別人說什麼都好，家中母親是權威，小強出現家族系統中所謂的癮癖現象——咬指甲，我們內心有一個希望父母相處的方式，例如全家和樂融融、兄友弟恭，但是我的父母卻是整天吵吵鬧鬧、大呼小叫。

　　我希望我的父親顧家又有權威，但是我的父親唯唯諾諾、工作不穩定，我希望媽媽溫柔賢淑，又能將家裡打理的很好，但是她卻每日獅子吼，我覺得我的父親應該拿出男子氣概，做個有用的人，不該被母親欺負。是的，我都明白，但是若你不尊重、不接受他們

的相處模式或人格特質，潛意識硬是想要改變一些什麼，只會讓自己進入一個不平衡的能量當中，這些不平衡的能量就會扭曲你原本純淨的心靈，使你生病。

當你重複說同一個故事時，表示有一些東西在這個故事中還沒有得到釋放。

我的乾爹過世後，常常出現在我的夢中，夢中的他總是坐在一張古老且靠背超過頭部、有扶手的藤椅上，他在一個未完成的建築物中（乾爹生前是做營造的）。每隔一段時間，這個夢就會出現一次，我也總是告訴周圍的人這個夢，希望能得到答案，但總是沒有新的發現，直到我學習催眠及教練的課程後，這個夢就沒再出現過，因為，我學會了接受。當我的同學問我為什麼重複說著這個故事時，我愣住了，一時答不出來，但是我的頭腦開始進入思考，當時我沒有立刻回答我的同學，但是後來我的確得到了答案……

我在乾爹和乾媽家長大，因為乾爹從事營造，家中常常是高朋滿座，我也經常倒茶接待，那時我讀高職，雖然我沒有告訴任何人，但是我的心裡已做了打算：等我高中畢業，我就要跟乾爹、乾媽說我要跟著他們學做營造建築。沒想到，我乾爹在我高三那年的寒假生病往生了，我的夢想因此破滅，但是沒有人知道。

後來我才明白，我的潛意識並沒有接受我的夢想破滅，因此，我也沒有接受我的乾爹已經往生，所以他會重複出現在我的夢中，我也因此重複說著同一個夢境。當我有了這樣的覺察之後，重複出現十幾年的夢境就再也沒有發生了。後來一次夢見乾爹，是他來跟

我說他要走了，再也不是在空蕩蕩的、未完成的建築物中等待。從那天起，我再也不做那個夢了。

接受需要練習

接受，才能讓自己往前走，否則我們將會卡在事件的時間點上；太多的人在童年有不好的記憶，經過了許多年，還是無法從事件中走出來，最大的原因就是沒有接受，因為，還沒有學習接受的技巧，因此，所謂的內在小孩，停留在發生當時的時間點上，與肉身已經成長的自己脫離，所以，內心總是想找個什麼來依靠，形成抱怨或癮癖的習慣。

宇宙的定律是循環不已的，就像春夏秋冬一般，春天過了，夏天會來，夏天走了，秋天會到，冬天會跟著秋天的腳步。每個人也是在細胞的汰換中成長，細胞生生不息，也沒停止過凋零，樹總是要落葉才能過冬。

在你的生命中，有時接受也是一種凋零，為了讓你度過嚴峻的寒冬。

ＮＬＰ教練心語 ▶▶ ⋯⋯⋯⋯⋯⋯⋯⋯⋯⋯⋯⋯⋯⋯⋯⋯⋯⋯

接受，是宇宙給你的禮物。

PART 2 啟動美好生命的鑰匙——信念

問問自己以下的問題，學習接受。

接受對你來說很陌生嗎？

為什麼你覺得你可以處理別人的問題？（就算那個問題是你的父親或母親的）

對父母（他人）沒有期望，是自私的行為嗎？

期望、關心和干預有什麼不同？

你能尊重別人生活的方式嗎？

你能接受別人有選擇人、事、物及關係的權利嗎？

你能真正的將注意力放在自己的身上嗎？

把別人的問題攬在自己的身上，我想證明什麼？

將別人的問題還給別人，對你有什麼好處？

將別人的問題恭敬的雙手奉還好嗎？

2-6 魚與熊掌可以兼得

　　陳貞來參加金錢密碼班，試著想從大腦裡找出有關金錢的病毒，因為陳貞認為自己是過路財神，錢都只是從她的身邊借過，她自己的經濟很吃緊，但還是幫助她的兄弟姐妹，甚至負債都在她的身上。

　　在課程的當中，我們希望找出一個跟錢有關的故事，陳貞說（她都是聽別人說的）：小時候他們家原本很有錢，都是因為她的父親賭博，輸了很多錢，所以，從小她就看媽媽很辛苦的工作賺錢；有一個鄰居媽媽人很好，知道媽媽辛苦，總是會對他們伸出援手，且不求回報，甚至在聽說他哥哥出車禍時，還用跑的送了五千元來給媽媽，告訴媽媽路上需要可以用，她小小的心靈對這位鄰居媽媽很感激，覺得能夠幫助別人真的像菩薩一樣。後來，陳貞忽然說出「汽水」兩個字，我請她多說一些，她說：「小時候家裡有客人來，媽媽總是叫我先倒汽水給客人喝，如果有剩餘的，我才能喝，結果每一次我都沒喝到。」說著說著眼淚在眼中打轉，她真的回到了小的時候，感受到內心的委曲，她接著說，後來她都自己偷偷的再去買一瓶，並且獨自將汽水喝完，但是她並不開心。

　　我問她：「你心裡有一句話想要說出來，想跟誰說？」她說：「我想跟媽媽說，我想喝汽水，可不可以我先留一杯？」說完眼淚就像水龍頭般的流出來。

　　這些童年的往事，讓陳貞想要幫助別人，總是先支付別人，她

不明白這些小時候的記憶正在影響著現在的她，因為，這些事件對她建立了一些信念——「幫助別人像菩薩一樣」、「我要先滿足別人，才能滿足自己，否則我就違背了我的媽媽」，接著大腦自動發展出一個想法——「如果我先享用就會違背了媽媽，但是，我是孝順的，如果只是不喝汽水就能證明我聽話孝順，我怎麼會做不到。」所以，「我一定要這麼做——先滿足別人」。

我想這中間有一些東西需要釐清，是否我滿足了自己，就會損害別人的福利？**是否魚與熊掌真的無法兼得？**

婷婷來家中作客，她自己想喝一杯飲料，就詢問在場所有人有誰要喝飲料？大家你看我、我看你，似乎沒有喝飲料的意願，大夥兒又聊了一會兒，婷婷忽然站了起來說：「我不管你們，我隨便幫你們點。」這時有人搭腔說要半糖，有人說要去冰。不久，飲料來了，婷婷優先拿走她想喝的飲料，其餘留給別人選。

是否我滿足了自己，就會損害別人的福利？

為何我要吃爛水果

小時候，當我要吃東西的時候，乾媽總是說：「把那看起來比較醜的或較不新鮮的先吃掉，因為比較好的要留給客人或長輩吃，而不新鮮的要快吃，以免壞了，到時候得丟掉。」

我從來也不曾想過，當時，乾媽為什麼要買那麼多水果，才來擔心水果是否新鮮？

但是，我知道，她是要我養成敬老、節儉（不浪費）、務實的習慣，了解貨物先進先出的道理。

長大後，我真的養成了這樣的習慣，即使這籃水果都是新鮮的，我也很自然先挑較不新鮮的吃。

但是我的小孩就不是這樣，每次我的孩子要拿水果時，我觀察她的習慣，她只挑她愛吃的，根本不管那水果是新鮮不新鮮，我都考慮要不要在那個時候，教她敬老、節儉（不浪費）、務實的道理，但是我肯定會說明貨物先進先出的道理。

選擇我愛吃的，是否是我應向我女兒學習的？

黃小妹是我個人教練的個案，她是個銀行職員，黃小妹說她真的很難下決定，每天早上當她走到早餐店時，她明明很想吃漢堡，但是會有一個聲音告訴她漢堡比較貴，所以她會買蛋餅，但是其實她根本不想吃蛋餅，真的很想吃漢堡。

我問她：「漢堡和蛋餅相差多少錢？」

她說：「10元。我也知道這10元對我不會有很大的影響，但是，我還是會買蛋餅，我沒辦法控制我自己，我常常買一些我根本不喜歡吃的東西回來，然後吃下它們，又問我自己我為什麼要這樣？」

我問她：「你能告訴我一個關於錢的故事嗎？」

她不能明白是什麼意思，我說：「從小到大，你曾經聽過誰說過有關錢的話題嗎？可能是父母、可能是長輩、或是親戚、也可能是同學或鄰居。」

她說：「以前我一個人北上讀書時，只要沒有錢，需要打電話

跟媽媽要錢時，就很難過，因為，媽媽會說省一點花，雖然只是輕輕的一句話，但是我聽起來很沉重，我很清楚家裡的經濟由媽媽一手扛起，真的很辛苦，所以不到非不得已，我絕不會打電話。」說著說著眼淚不由自主的流下。

　　我請她將當時的情形再回憶一次，並且說出自己最真實的感受，然後請她說出希望對母親說的話，並安慰那個小時候的她，告訴小時候的她說：「不要擔心，我都已經這麼大了，我可以自己賺錢，買喜歡吃的東西及喜歡的衣服，有多餘的能力，我會幫助媽媽減少家庭負擔，你不用傷心，也不用難過，我希望你跟我在一起，我們一起吃喜歡吃的東西。」她看見當時的她開心的笑了，並且與她擁抱在一起。

　　我問她：「現在最想吃什麼？」

　　她說：「牛排。」

　　我問她：「什麼時候去吃？」

　　她說：「等會兒教練完，立刻去吃。」

　　幾年後我再問黃小妹：「你現在早餐吃漢堡還是蛋餅？」

　　她說：「都吃，吃我愛吃的。」

　　存在每個人內心的能量都不容忽視，我們會因為一個過往的事件及經驗，深深影響我們的行為，卻無力改變，找不到更改劇本的路徑，因此，就一直在這樣的輪迴當中，想買漢堡卻不由自主的買蛋餅，像被一隻無形的手掌握著，一旦清醒後卻不能理解自己到底是發生了什麼事，為什麼做一些自己不喜歡的事，後來越來越不相

信自己，對自己沒有信心。

我們的大腦會為我們的經驗下一個結論，以便記憶，但是它會記取這個結論，卻不會因為時間的改變而自動重新整理，因此，我們會帶著那年幼時的結論，繼續生活下去，直到問題出現。

因此，我們是否需要給身邊的人多一些機會去嘗試，去體驗，去選擇，一些更好、更適合他們的生活，而不是要他們過著我們自己正在過的生活或我們自己希望過的生活。

ＮＬＰ教練心語 ▶▶ ┄┄┄┄┄┄┄┄┄┄┄┄┄┄┄┄┄┄┄┄┄┄┄

隱形的手，正推動我們前進——透過 NLP 教練，看見隱形的手。

什麼事令你快樂？

什麼事使你悲傷？

你瞭解你自己嗎？

你真的認識你自己嗎？

面對一個問題，是否有雙贏或三贏的方法？

你真正想要的結果是什麼？

重建的工作必須從內在做起，你準備好被教練了嗎？

我相信，沒有討論就沒有結論，我為每件事下一個可以實踐的結論。

2-7 「快樂」因分享而加倍

　　我們常常不習慣將我們認為好的東西和好的訊息分享給別人，但卻希望能收到好的訊息和機會。我們必須明白，這不是宇宙運行的方法和軌道。

　　我們不知道要努力去擁有自己認為有價值的東西，並且在已經確定我們得到的時候，大張旗鼓的昭告天下。就像一個孩子，得到一個喜歡的玩具，會拿給所有的人看，包括他的朋友、兄弟姊妹、爸爸、媽媽、爺爺、奶奶，他會時時和別人談論他的新玩具。

　　我們害怕當我們分享後，好東西就會變少；就像考試時，如果我把我會的告訴別人，我就沒法得第一名，我就會被比下去，我將得不到我想要的，這就是大多數的人不會分享的原因。

　　但是，我們忘了，學習是為了得到知識，學習是樂趣，我們透過學習得到快樂，如果我學到知識，感受到樂趣，覺得快樂，這就夠了。如今，該得到的都沒有得到，卻種下不會分享的惡果。

　　我並沒有因為和同學討論分享我的讀書重點就畢不了業、考不進學校，反而是我們一起上了期望的學校。

　　因為我相信，我越是分享我知道的，別人也會將他知道的分享給我，我也會因此更加豐盛，宇宙就是一個迴圈。

　　對於認同的信念，覺得好的訊息和機會，都勇敢的和別人分享，去支持認為值得的人事物。

PART 3
讓生活更快樂的練習

3-1 保持正向的動機

　　小華因為在學校作弊，老師請家長到學校去，小華的媽媽一見到他，第一句話就問為什麼要作弊，小華說：「因為要考個好成績給你們看。」媽媽聽了大發雷霆，說：「你自己做錯事還將責任推到我們身上。」學校因此要小華轉學，小華的父母非常擔心，他們不知道問題到底出在哪裡，怎麼小華會回答出這種話來。其實，小華並沒有說謊，考個好成績，是他要回報給父母的，但是，為什麼說出這句話，是推卸責任嗎？

　　語言，是一種表達的方式，也是一個結果。我們看不見別人在說出這句話之前的想法是什麼？對方經過怎樣的大腦路徑思考和經驗累積後才說出這句話？但是，我們卻會因為這句話做出回饋，也就是反應，這很危險，因為，我們都是瞎子摸象。

　　國小三年級的筱寧因為注意力不集中而來接受輔導，我與她建立親和感並開始了解她的思考路徑。

　　我問筱寧：「今天功課多嗎？」

　　筱寧說：「差不多。」

　　我說：「功課少是 1 分，功課多是 10 分，數學題出 10 題是幾分？」

　　筱寧說：「5 分。」

我說：「數學題出 20 題是幾分？」

筱寧說：「5 分。」

我說：「數學題出 30 題是幾分？」

筱寧說：「5 分。」

我說：「數學題出 40 題是幾分？」

筱寧說：「4 分。」

我再次確認後，筱寧的答案都沒改變。

於是，我問她為什麼？

筱寧說：「因為那是不可能的事，老師不可能出 40 題作業。」

不要以為我們想的一定是對的，我們不是她，不一定理解她的立場及想法，我們所接收到的資訊也不一定相等；更不要認為大人一定比小孩聰明或大人的經驗一定不會錯。

NLP教練心語 ▶▶ ⋯⋯⋯⋯⋯⋯⋯⋯⋯⋯⋯⋯⋯

不要懷疑！每個人做任何事，背後一定有一個正向的動機。

我有耐心嗎？

我有認真傾聽別人說的每一句話嗎？

我願意傾聽自己說出來的話語嗎？

「我走過的橋，比你走過的路還長」對你來說代表什麼？

「我吃過的米，比你吃過的鹽還多」對你來說代表什麼？

「不聽老人言，吃虧在眼前」對你來說代表什麼？

「長江後浪推前浪」對你來說代表什麼？

「青出於藍，更勝於藍」對你來說代表什麼？

3-2 消滅金錢病毒

我在一場演講中問在場的人想成為有錢人嗎？全部的人都說想，因此我找了一位太太來了解一下成為有錢人是什麼感覺？

我問她，當她成為有錢人後會怎樣？

她說：「能隨心所欲，買想買的東西。」

我又問：「當你能隨心所欲，買想買的東西時，又會怎樣？」

她說：「我可以去幫忙想要幫助的人。」

我問：「當你可以去幫忙想要幫助的人，又會如何？」

她回答的速度明顯緩慢了下來，說：「我可以做我想要做的事。」

我說：「當你是有錢人了，早上起來你要做什麼？」

她停了很久，一直沒說出答案。旁人都紛紛說出答案了，她仍答不出來。

我說：「無所事事，是你想要的嗎？」

她搖搖頭說不是。

但是，好像成為有錢人後，她會與「無所事事」連結在一起。

可是，卻與她的信念衝突，很明顯的，一腳踩油門、一腳踩煞車的狀況出現了。

因此，在此目標上只能原地打轉了。

錢，對你來說與哪些句子連結？又為何會連結？什麼時候他們偷偷連在一起的？

找出你的金錢關鍵語，比你花時間去賺錢更重要。

練 習

錢是＿＿＿＿＿＿＿＿＿。錢是＿＿＿＿＿＿＿＿＿。

錢是＿＿＿＿＿＿＿＿＿。錢是＿＿＿＿＿＿＿＿＿。

錢是＿＿＿＿＿＿＿＿＿。錢是＿＿＿＿＿＿＿＿＿。

錢是＿＿＿＿＿＿＿＿＿。錢是＿＿＿＿＿＿＿＿＿。

錢是＿＿＿＿＿＿＿＿＿。錢是＿＿＿＿＿＿＿＿＿。

有錢人是＿＿＿＿＿＿＿＿＿＿＿＿＿＿＿。

有錢人是＿＿＿＿＿＿＿＿＿＿＿＿＿＿＿。

有錢人是＿＿＿＿＿＿＿＿＿＿＿＿＿＿＿。

有錢人是＿＿＿＿＿＿＿＿＿＿＿＿＿＿＿。

有錢人是＿＿＿＿＿＿＿＿＿＿＿＿＿＿＿。

錢＝公平。

錢很髒。

錢不好賺，要省著點花。

錢，夠用就好了。

欠人家錢，還過得比別人好。

富貴險中求。

有錢好辦事。

錢是身外之物、生不帶來、死不帶去。

男人有錢就變壞。

有錢能使鬼推磨。

有錢人都是很會算的。

有錢人都財大氣粗。

有錢人都很吝嗇。

有錢才有權。

錢能實現我的夢想。

錢是能力的代表。

你確定以上哪幾句話是真的？（A）

如果以上這句話（A）是真的，那還有什麼也是真的？（B）

如果（B）是真的，那又會發生什麼事？

3-3 「目標」指引前進的方向

　　伶伶就讀私立高中三年級，今年七月將要考大學，她覺得自己看書時很容易進入發呆的狀況，看書十分鐘後會發呆二十分鐘，她覺得不好卻無法改變。

　　我問她：「你有想要就讀的學校嗎？」

　　她說：「沒有。」

　　我說：「那你最喜歡哪一間學校？」

　　她說：「不知道。」

　　我問她：「你讀書的用意（目的）是什麼？」

　　她說：「我可以學習一些東西和增加自己的知識。」

　　我問她：「國文讓你學到什麼？」

　　她說：「認識文字及中國先人智慧。」

　　我說：「非常好，那數學呢？」

　　她說：「運算的技巧。」

　　我又問：「英文呢？」

　　她說：「能學會與外國人溝通的語言。」

　　我說：「非常好，那你已經得到了，為什麼要參加大學考試？」

　　她想了一會兒說：「我覺得我應該繼續讀書吧？！」

　　我說：「你似乎不是很肯定。」

　　她說：「我還想繼續讀書，目前不想出社會工作。」

我說：「那非常好，請你給我想念的學校名稱。」

她說：「我不知道耶！而且我不一定考得上。」

我說：「你並沒有回答我的問題，請你給我想念的學校名稱。」

她於是很勉強的說出一間學校，而且帶著懷疑；我要她依照心中真正想進入的順序寫下四個學校名稱，然後將目標放在第一志願。

她說：「可是選學校是用成績決定的，我不一定能考上第一志願。」

我說：「成績只是一個數字，並不是一個方向。」

我說：「我現在就是一個火車售票的小姐，你來到我的窗前告訴我：『請給我一張300元的車票。』我問你：『你想去的目的地是那裡？台中還是屏東？』你說：『我不知道，但是請給我一張300元的車票。』就算我真的給了你這張車票，請問你要走向哪個月台上車？南下？北上？」

我要伶伶親自去看看她想讀的學校環境如何，去感受一下走在校園的感覺，看看她即將成為那個學校的學生是什麼樣的心情？並將歷年的錄取分數設定為考試成績標準，並請她依照所剩日期訂出一套新的讀書計畫。你可以先選學校再來考試，也可以先考試再選學校。後來，伶伶進了她設定的第一志願。

ＮＬＰ教練心語 ▶ ▶ ⋯⋯⋯⋯⋯⋯⋯⋯⋯⋯⋯⋯⋯⋯⋯⋯⋯⋯⋯

明確的目標，就是力量。

我想要的人生是什麼？

我清楚我要去的方向嗎？

寫下你的人生要完成的事。專注這些目標，將目標所能聯想
的都寫下來。看看這些寫下來的文字帶給你什麼樣的感覺？
是動力？還是阻力？為什麼？

3-4 不要害怕犯錯

　　雨晴是一個銀行的客服人員，她很在意別人的眼光，凡事都要聽一聽別人的意見，當別人不贊同她的想法時，她會感到很挫折，雨晴希望聽她說話的人都能贊同並支持她。

　　我問她：「目前在你生命中有沒有一個人給你的建議，你會百分之百的接受？」

　　她想了一下說：「沒有。」

　　我問她：「如果現在請你將眼睛及耳朵關上，你能從這裡走到廁所再走回來嗎？」

　　她說：「可以。」

　　我問她：「若你急著去上廁所，而你沒有去，結果是誰會出糗？」

　　她說：「我自己。」

　　我問：「這世界上你能找到一個從出生到現在，從來都不曾犯錯的人嗎？」

　　她說：「沒有。」

　　我問她：「你想有人能從現在開始到未來，都不會犯錯嗎？」

　　她說：「沒有。」

　　我說：「你想跟這世界上的每一個人都不一樣嗎？你覺得你不是地球人嗎？」

她笑了出來。

我問她：「你願意冒險嗎？」

她說：「願意。」

我問她：「從 1 到 10 是幾分？」

她說：「8 分。」

我問：「那另外的 2 分是什麼？」

她說她：「害怕失去現在擁有的，也可能被別人嘲笑。」

我問她：「若現在你做一個決定，三個月後你會負債 20 萬，你能接受嗎？」

她說：「不行。」

我問她：「你不能接受的是被嘲笑，還是負債？」

她說：「負債。」

我問她：「你如何保有現狀又擁有機會？」

她停了很久，回答不出來。她感到困惑。

我問她：「那是什麼感覺？在你身體的哪一個位置？」

她說：「一團空白，在我的頭部。」

我請她將這團空白拿出來放在她的面前，再問她那團空白看起來像什麼？形狀？感覺？

她說：「像杏仁凍。」

我請她捧著杏仁凍，去感覺杏仁凍要傳達給她的信息。她感覺杏仁凍說：「相信自己，不要擔心。」

我要她感恩的送走這個杏仁凍，並在當下告訴自己：「從今天起我更相信我自己。」

「信念」是一個潛意識的工作，當我們擁有一個信念時，我們所有的行為都會朝向它前進，若我相信我是一個快樂的人，則我真的每天都很快樂；當我相信我是一個幸運的人，我都能幸運的找到停車位；當我允許自己犯錯時，我便能在錯誤中學習，並且能從中得到樂趣。

　　我聽許多家長談論自己的孩子時，都希望自己的小孩不要犯錯，當小孩犯錯時，家長大都出現比小孩更緊張的狀態，讓小孩以為自己犯了滔天大錯，不知如何是好；幾次之後，小孩不再嘗試新的事物，沒有勇氣再試試新的玩意，沒有興趣再多說一句話，對於家長所說的話也只是聽聽罷了，不願意多去嘗試一下，後來家長開始說我的小孩很害羞、我家小孩很被動，對什麼都沒興趣，不太與人溝通。這到底是誰造成的？

　　我的女兒從學校回來，帶回成績單及缺點單，我看著缺點單問她：「為何只有你被記缺點而別人沒有？」她說她都很注意，但還是被記缺點，也不知道為什麼？我請她去學校詢問老師。後來老師來電說明，老師說：因為掃地時間到了，我女兒把她所有的垃圾都丟到地上，掃地的同學認為她的座位總是很髒亂，因此希望她能改進。聽完後，我心裡想：如果是我，我會不會跟我女兒一樣把垃圾都丟在地上？答案是：會。因為，就要掃地了嘛。我應該怎麼叫我女兒改進呢？

　　我跟女兒說：你將垃圾丟到地上這件事沒有對錯的問題，而是團體生活中互相協調應注意的，如果你的掃地工作是擦玻璃，而同

學因為要掃地了，就在玻璃上留下手印，會不會造成你的困擾，增加你的打掃時間？她說會。幾天後，她告訴我，她已經在抽屜裡設置一個垃圾桶，名字叫垃圾桶，地址是抽屜，星座是抽屜座。我說很好，希望她有機會介紹我認識認識，她說好。

練習

你允許你自己犯錯嗎？

你希望你是小時候犯錯？還是長大後犯錯？

你允許你的小孩犯錯嗎？

「錯」的標準是什麼？

犯錯幾次是你能容忍的？

你對於他人犯錯，抱持怎樣的信念？

如果每個人都必須犯錯十萬次才能成功，你距離成功多近？

NLP教練心語 ▶▶
更多的時候，事情並沒有對錯的問題，只有角度的問題、思想是否柔軟的問題。

3-5 別讓情緒誤事

　　前幾天與更生團契前往外役監獄輔導受刑人。能到外役監獄的受刑人都是表現良好且有假釋機會的受刑人，透過輔導能了解他們對於返回社會的想法或傳遞一些目前社會的情形，減少因服刑期間與外界隔離造成的社會疏離感；有些受刑人家屬有定期看望或書信問候，都能使他們的心情較穩定，並且也能了解目前社會動向，對於他們返回社會有很大的幫助。

　　我在輔導過程中發現，其實有些受刑人觸犯刑責都只是一時的衝動，卻得賠上三、五年的青春，不但與家人分離又使自己留下一個前科紀錄，實在是很不值得。

　　A受刑人的罪名是殺人未遂，他述說當時的情形時，心情還是稍有激動的，他是聯結車的駕駛，在平面道路內側車道上行駛，前方有一部箱型車，車速緩慢，他閃燈請他加速或變換車道，但箱型車不禮讓也不加速，反而頻踩煞車，經過幾次的超車不成，加上對方多次故意在近距離煞車後，A終於忍不住情緒爆發出來，直接追撞對方，雙方車子停妥後又下車發生口角，A持棍棒朝廂型車駕駛頭部攻擊造成傷害，因追撞後A並未立即踩煞車，被檢察官判定有殺人意圖，依殺人未遂起訴，被判監禁五年半。A認為箱型車駕駛很過分，故意挑釁，他要修理他，就因為一時的衝動，A付出慘痛的代價。

我問他：「你是不是很有正義感？」

他笑了出來。我告訴他有正義感是很好的事，但要用在對的地方是吧。他笑笑的點點頭，也表示自己情緒失控很後悔，但都來不及了，還是只能等待服刑完畢才能與家人團聚。

情緒的掌控真的是一門非常重要的功課，太多的人因為無法掌控自己的情緒、了解自己的情緒而做出使自己後悔的事，A 自認有強烈的正義感，卻為正義感而服刑，正義感也是一種情緒，如果他能更了解自己的正義感來自哪裡，應該用在何處，我想他現在也是一個自由的人。

ＮＬＰ教練心語 ▶▶ ⋯⋯⋯⋯⋯⋯⋯⋯⋯⋯⋯⋯⋯⋯⋯⋯⋯⋯⋯⋯⋯⋯⋯⋯

在沒有搞清楚狀況之前請勿下判斷。

你知道你為何生氣嗎？

你知道你為何歡喜嗎？

你知道你生氣的背後真正的情緒是什麼嗎？

你知道你真正歡喜的原因又是什麼？

是因為自己？還是別人？

還是一個外在的事件牽動出你內在的類似經驗所產生的情緒？

3-6 別做不甘心的選擇

　　娟娟的先生早在十年前就拋棄他們母子，因此娟娟獨自扶養一對兒女並與父母同住。原本弟弟還滿照顧他們，但自從娶了太太後，娟娟與弟媳不合，加上爸媽又較疼愛弟弟的兒子，兒女覺得不被爺爺、奶奶疼愛，連叔叔也變得較不關心他們，有時想和小表弟玩還被制止，致使孩子很想搬出去住；娟娟原本小有積蓄，也做了搬家的打算，卻因為借錢給朋友被倒了，買房頭期款的錢都沒了。

　　娟娟每天處在不平衡的狀態，覺得壞人沒有得到懲罰，自己為何如此倒楣，她不願意搬出去的原因是因為覺得家是自己的，弟媳想盡辦法想使他們母子搬家，她偏偏不順弟媳的意。

　　我問她：「你做選擇的標準是不甘心嗎？」

　　她說：「是。」

　　我問她：「從現在起，你可以因為你的快樂而做出選擇嗎？」

　　每個人，每天都為自己做出不同的選擇，有些人認為有些選擇的效應很短，所以隨便選選沒關係，有些選擇影響深遠要仔細琢磨。但是親愛的朋友，有什麼選擇真的無關緊要？又有哪一個選擇真的人命關天？

　　你做出選擇的標準是什麼？

　　你做出選擇的標準背後的價值又是什麼？

你真正想得到的是什麼樣的生活？

快樂和痛苦是你的選擇還是你的結果？

3-7 你限制了孩子開心嗎？

　　某天，我忽然覺得自己活在複製的世界裡，我記得小時候最厭惡母親用咆哮的語氣對我開罵，但最近我忽然覺得我像極了我的母親，我在女兒的眼中看見了我自己那被咆哮時的驚恐。

　　今天晚上接女兒下課，晚上九點多，走到家門口前，女兒忽然回頭問我：「媽咪，你現在心情好不好？」

　　我問她什麼事？她說如果我心情好，要告訴我一件很糟糕的事，我告訴她：「你說吧！」她說她完全忘了數學作業，還沒有做功課，我回答她：「那就快去做呀！」

　　她迅速的回到房間，邊唱歌邊算數學，我忽然感覺我女兒一定很怕我，而且是那個我自己厭惡的我。

　　忽然間她又跑過來找我，說她忘了數學怎麼做，我示範一題後問她會不會，她說會了，又高興的跑回房中，其實她不是忘了數學作業，而是忘了怎麼計算，所以寫不出來。

　　以上是我一年前的手札，看到這篇時，很有感觸，自從學習了催眠及 NLP 教練之後，我更能覺察自己和女兒的情緒，更能在適當的時候管理好自己，也為對方帶來清晰的思維，避免彼此無謂的爭執。

　　有時我想想，小孩其實很簡單，我的女兒開心時會幫我洗碗，幫我掃地，幫我摺衣服，念故事書給我聽，給我天真的笑臉，只要她開開心心的就能成就很多事。

練 習

為什麼我不能讓小孩開心呢？

小孩開心到底會觸犯了什麼呢？

小孩開心會養成什麼壞習慣呢？

小孩開心究竟會造成我什麼困擾呢？

父母限制自己的小孩，內心究竟要表達的是什麼呢？

3-8 給孩子學習表達的機會

　　我的朋友告訴我，她的小孩最近表現不佳，常常跟同學鬥嘴，講話沒有禮貌，會推同學，且不認為自己有錯，行為出現很大的偏差，不知如何是好。

　　小孩其實很簡單，有什麼說什麼，但往往會讓大人很頭痛，有時場面很尷尬。但是小孩認為，我只是說實話有錯嗎？大人不是說不可以說謊嗎？無緣無故被罵才是冤枉、倒楣。那是因為小孩沒有被訓練聆聽的能力，只會表達自己想說、想做的，更嚴重的是又表達不清楚。為什麼表達不清楚？因為所有的父母都是小孩肚子裡的蛔蟲，在小孩還未表達自己的意思之前，父母就為他們完成了後續的工作，父母會說小孩的一個眼神，我就知道他要做什麼，所以父母抹煞了小孩表達的機會，完全不給小孩說出他真正要的是什麼。

　　小孩會說：「我好無聊。」父母分成三派，第一派：開始問功課寫完沒？再派一些習題。第二派：問他想去哪裡玩？想做什麼。第三派：開始開罵，小孩說什麼無聊。

　　教練會問：「無聊對你來說是什麼意思？你真正要表達的是什麼？」

　　我一個朋友的小孩讀私立國小資優班，假日到我家玩，玩了半個小時她就說：「好熱喲。」過了一會兒又說：「好熱喲，我要回家。」她立刻打電話叫爺爺來帶她回去了，其實她真正要表達的是：「阿

姨，我很熱，可以開冷氣嗎？」因為以前只要她說熱，家人立刻為她開冷氣，她根本不須說出真正的需求，因此她只會表達她的情緒，不會說出她的目的，她認為別人都應該懂她，別人都應該像她的父母一樣，是她肚子裡的蛔蟲，但是，所有人都能知道她沒說出來的話嗎？久了之後，她認為別人不能與她溝通，其實是她自己沒有溝通的能力。

所以，親愛的家長：

您開始給您的小孩表達的機會了嗎？

您想做小孩肚子裡的蛔蟲多久呢？

您願意給小孩一個學習溝通的機會嗎？

儘早讓小孩學會溝通的本質，是很重要的課題。

3-9 這也不行，那也不行

　　小萍打電話來說她哥哥的小孩有行為上的差異，她說她哥哥的孩子威勳，今年讀國小二年級，老師說他今天在學校親一個男生，而那個男生向老師告狀，小萍問我這孩子是不是很嚴重？他如果親一個女生還好，他竟然親一個男生！我問曉萍是否問過威勳為什麼親一個男生嗎？小萍說威勳的回答是：「我上個禮拜抱一個女生，你們說不行。現在親男生也不行。我就是覺得他很可愛嘛。」

　　是的，**生命會自己找到出口**。如果你不直接告訴孩子能做什麼，他就會繼續嘗試你說不可以以外的事物，為了達到目標會想出各種方法，這就是我們大腦工作的慣性——為生命找出口。所以這也是我們如何趁機介入重建大腦工作模式的機會，當孩子出現對人事物的感受並做出反應時，正是建立價值觀、人生觀及思維慣性的黃金時機，也就是大腦的缺口。

　　以威勳的例子來說，這是一個建立交友關係中互相尊重的機會，我們可以用好奇的口吻問威勳：「如果有一個人忽然跑過來抱著你、親你，你會有什麼感覺？如果你很喜歡一個人，你會怎樣表達？如果那個人不顧你的反對，緊抱著你要怎麼辦？」透過一些開放式的問題，讓孩子去思考在這當中有哪些是需要學習及預防的，聽聽孩子的想法是什麼，再適時給予一些方法和做法，也在每次事件中讓孩子換位思考，而不是只聽到限制性的指令。

對於情感的表達是無法掩飾的，當一個三十歲的人喜歡一個人時，我們也能覺察出他對誰有好感，他可能基於社交禮貌或害怕被拒絕，不敢太過表達自己的情感，我們還是能知道的，所以我們怎麼能限制一個孩子表達他的情感和情緒，甚至是告訴孩子表達情感和情緒是不行的，是一件會受到處罰的事。

　　對任何情感都需要尊重，尤其要尊重自己的情感，不是去壓抑或控制情感，而是去理解，理解自己的喜怒哀樂，何喜？何悲？這樣的人更能尊重別人並理解別人與自己的不同，可以給身邊的人更多的空間，更舒服的感受，讓人更喜歡和你在一起。

3-10 你的信念決定孩子的一生

我有一個朋友，育有兩個小孩，老大是個男生，就讀國小四年級，老二是個女生，就讀國小二年級，老二在各方面總是優於老大。這是我朋友的說法。

有一回，我開了一個兒童品格溝通班的課程，她讓老二來上課，老大沒有來。因為老大說上一整天他不知道能不能辦到，所以想上一堂課試看看，如果不行就要先離開，問我行不行，我拒絕了他。

我開始想，如果我有兩個小孩，一個好學、一個慵懶，我會如何安排他們學習？

有一個畫面忽然閃過我的腦海，小時候父母常常對我們說：「如果你讀得上去，我們都會賺錢讓你讀。」是否這句話的背後另有涵義？

如果讀不上去呢？我的父母沒有告訴我。

會讀書的需要鼓勵？還是不會讀書的需要鼓勵？

有能力的需要栽培？還是沒有能力的需要栽培？

是你放棄了孩子？還是孩子放棄了自己？

面對是否需要在孩子的身上投資，每個人都有不同的信念，你的信念決定孩子的一生。

蘋果樹不會長出香蕉，因為它只會長出蘋果。——種瓜得瓜、種豆得豆。

3-11 召喚來的不幸

　　小雲在四月份發生了一次重大車禍，她因閃避一輛停在路邊的汽車，將摩托車往左側騎，剛巧一輛聯結車經過，她便停下來等候，當她看見聯結車過去後，她便往前騎，忽然間，她覺得前輪離地，整台機車連人被夾在汽車與聯結車之間，原來聯結車有兩節車廂，又剛好遇到車道右轉，因此她連人帶車成了三明治，還好只有腳受傷，真是不幸中的大幸，因為聯結車司機忽然感覺異樣停了下來。她告訴我，她整整休息了一個多月，這是她從事美語教學工作以來不可能發生的事，因為他們公司的假非常難請。

　　我隨口問她：「你很想休息嗎？」

　　她說，她想休息已經超過半年了，但是因為公司假期難請，代課、調課非常麻煩，因此總是照常去上班，但是她真的很想休息。

　　我說這場車禍是她想來的。

　　她停了一會兒說：「我相信。」

　　當她調理好身體後，向公司請了一星期的假，跟老公及小孩到花東去玩。

　　她說，小時候，她感覺大自然都能與她對話，她能跟貓說話、跟狗說話、能感受樹的感覺、風的律動；她跟別人分享，別人總是覺得她很奇怪，因此，她的童年沒人能理解，青少年時期人際關係也不好，因為別人無法理解她說些什麼，她覺得很孤單，慢慢的，

她再也聽不到大自然的聲音了。

　　經過這次的車禍，加上花束旅遊的充電，她說那感覺又回來了，雖然，她已是兩個孩子的媽媽，她彷彿回到了那純真的童年，再次與大自然連結，與大自然同步運動，再次聽到樹的聲音，感受到風的速度，她很開心，她說：「那個我又回來了。我很開心。」

　　潛意識的力量，自有它運作的道理，每個事件的背後，都有一個理由，去成就我們的圓滿。

　　別等到能量無法疏通，抑鬱成災，如同肝火無法宣洩而傷及肺臟一般，所付出的代價都更多了。

　　多接近大自然，調和內在的地、水、火、風，四大調和，必然健康自在。

ＮＬＰ教練心語　▶▶ ⋯⋯⋯⋯⋯⋯⋯⋯⋯⋯⋯⋯⋯⋯⋯⋯⋯⋯⋯
時時觀照自我，時時覺察自我，就能以平緩的方式去相應，去成就。

3-12 放下「控制」別人的念頭

　　朋友轉達了一通電話給我，說有一個個案有失眠的障礙，而他的太太小玲打電話來尋求幫助，希望我盡快回覆她的電話。

　　當我接到這通留言訊息時，已經是將近晚上十點了，我決定隔天再回覆這通電話，但轉達這通電話的朋友非常生氣，質疑我為什麼不立即回覆這通電話，而且對方很急。

　　我問她說：「你有告訴她我何時會回電話嗎？」

　　她說：「我告訴她我會轉達，並且請你盡快回電。」

　　我說：「那就對啦，我明天回電給她。」

　　她說：「但是小玲很急，你為什麼不能現在回覆她？」而且她有告訴小玲我的下課時間，所以她堅持我應該先給小玲打個電話。

　　我看見了一個控制的狀態在發生，我的朋友想要控制我的想法和做法，她希望我做出她想要的樣子，而忽略我的想法和感受。

　　我告訴她：「首先我現在處於疲憊的狀態，而且我覺得超過晚上九點打電話給陌生人是沒有禮貌的事；再者就算我現在打這通電話，也解決不了她先生的睡眠障礙，因為和我對話的是他太太，而不是本人，而且這樣的詢問電話至少要講個三十分鐘，所以我決定隔天早上再回電。」我朋友非常生氣掛掉我的電話，並且說很難幫我轉達。

　　她生氣的到底是什麼？因為我沒有立刻回電話？還是她對小玲

的承諾無法實現？但是她如何代表我回覆任何答案呢？也就是我應該會在何時回電。

隔天早上我就回了這通電話，小玲一再說她先生有多麼的困擾，無法入睡，我提議請她先生來一趟當面談，也告訴她免費的演講時間及工作坊的訊息，結果至今音訊全無，這就是很急的對應方式。這件事到底對誰來說是緊急的？

當事情發生時，你能覺察你想要控制什麼嗎？

你真的看得出這件事對誰來說是緊急的嗎？

你聽到對方說緊急就去處理，是否真的對事情的進展有幫助？還是只是瞎忙？

ＮＬＰ教練心語 ▶▶ ·····················

要對自己有信心，也對別人有信心，所有的人都能解決自己的問題，

如果他真的需要幫忙，他一定能找到協助的人。

每個人都有足夠的聰明智慧，去解決自己的問題。

在人看

3-13 原來別人想的和我不一樣

　　某日在電視上，看見一個自閉症家長討論自閉症小孩教養及未來規劃的談話性節目，其中一個家長說了一個例子，令我印象深刻。他說他的孩子小天是自閉症兒童，對抽象的概念不清楚，因此，老師認為小天很白目，不聽話。但是有一天，老師打電話來跟他道歉，老師認為他誤會這個小天了，因為小天真的太聽話了。在學校裡，小天因調皮讓老師非常生氣，老師脫口而出：「你給我滾出去！」小天請老師再說一遍，老師更生氣的說：「你給我滾出去。」接著，小天就躺在地上從教室滾出去了。

　　很多時候，我們會認為我們表達得很清楚，但是，我們真的說清楚了嗎？例如下面這個例子：

　　老師問小明：「你妹妹多大了？」

　　小明用手比著肩膀說：「這麼大。」

　　老師說：「哦！我的意思是：你妹妹幾歲了？」

　　小明說：「八歲。」

　　阿花說：「你等一下要幹什麼？」

　　小珍說：「我在等貨運送貨來，六點之前我不能離開。」

　　阿花說：「晚餐你要吃什麼？」

　　小珍說：「隨便呀！我六點半要上課，看冰箱有什麼就吃什

麼。」

阿花說：「那你現在到底要怎樣，到底要不要吃飯？」

小珍說：「我在等貨運送貨來，六點之前我不能離開。」

阿花很生氣的說：「那到底要不要我跟你一起吃飯？」

小珍說：「你從頭到尾都沒有說要跟我一起吃飯呀！你生什麼氣？」

阿花說：「我說這樣，當然就是要跟你一起吃飯呀。」

「當然」是說的人認為的，並不等於聽的人也覺得當然。

也許，我們應該跟自閉症的小天學習，用單純的思維生活，簡單的字眼表達，勇敢說出自己內在的想法，不拐彎抹角，也不自以為當然。

每個人在聽到或收到一些信息時，通常會在腦中浮現一些圖像或連結，這些圖像及連結來自你的經驗，你會因為想要更理解這個信息，而自動在腦中建立連結的圖像，但是，你的圖像與信息之間的差異有多大？差異有多大，溝通的鴻溝就有多大。

ＮＬＰ教練心語 ▶▶ ....

講清楚、說明白，幸福就會跟著來。

唯心靈小語　我相信，有時當我想要抓的更緊的時候，反而讓它流失的更快，所以我學會放鬆。

在人看

I05

3-14 你能承諾愛他多久？

　　曉君已經連哭三個月了，她傷心到無法去學校上課，獨自一人時眼淚不聽使喚的落下來，她不明白為什麼男友會不告而別。在一次下課後，曉君回到他們共同的住處，男友已離去，東西也都搬走了，當然電話是沒接的；在他們共同選修的教室裡，他躲得遠遠的，不和曉君四目相望，更別說談話了，他視她為空氣。

　　來到我面前的曉君不理解到底發生什麼事，她覺得即使不做情人也可以做朋友，為何要不告而別？為何不說清楚？之前的男朋友也都可以成為朋友，為什麼男友要這樣對待她？怎麼可以想在一起就在一起，想走就走！

　　我問曉君，如果他跟她提分手，她會答應嗎？

　　曉君說不會。

　　我問：「你會怎麼做？」

　　曉君說：「我會說服他繼續和我在一起，不要分手。」

　　我說：「那他很了解你。」

　　曉君笑了出來。

　　我問曉君想要什麼？她說要他回來。

　　我說：「然後呢？」

　　曉君說：「我們再在一起。」

　　我問：「這真的是你要的嗎？」

曉君說：「是，但是不可能。」

我說：「如果可能，你就不再傷心。」

曉君說：「是。」

我問曉君：「那如果他回來，你能承諾愛他多久？」

曉君答不出來，她說她沒想過，只是希望他回來。

我說：「你必須回答你會愛他多久？你怎麼會希望一個人回來時你不能承諾愛他多久，卻不能接受他想離去的時候離去？」

曉君說這個問題太犀利了，她答不出來，要回去想一想。

直到今天，曉君都沒有給我答案。

不過，從那天起，曉君不再為這件事哭泣。

我們無法理解大腦對一件事的認知是如何形成，但是透過反覆的省思確實可以看出其衝突所在。

唯心靈小語

我相信，沒有所謂對的時間、對的人，只有你的選擇，一切如是。

3-15 這裡＝那裡

　　珠珠因為信用破產，所以將車子登記在小岩的名下，因此所有的稅單、停車單、罰單自然就會寄到小岩的家；最近小岩常常接到停車單逾繳的通知，本來一小時停車費三十元加上處理費五十元，每張停車單都必須繳八十元，小岩將停車單交給珠珠，並問他為什麼不停車後立刻繳款以免被罰，珠珠說：「因為很趕時間，後來就忘記了。」一星期內小岩已經幫珠珠收了五張逾繳的通知單了。

　　請問你在上面的例子看見什麼？金錢管理不良？拖延？

　　一個缺錢的人花一個小時八十元的停車費用卻從不手軟，但是珠珠卻告訴全世界的人她很缺錢，她很節省，什麼錢都不敢亂花，她真的沒有亂花嗎？

　　到底是什麼樣的金錢藍圖造就像珠珠這樣的人呢？

　　更可怕的是，一個金錢管理不良的人、一個拖延的人，一定會在生活其他的地方也有同樣的模式。「這裡＝那裡」但是自己不一定看得到。

3-16 相處之道在於平衡

　　淑娟有一天接到先生的爺爺打來電話，說要匯五萬元到她的戶頭，淑娟不明就裡，後來才知道，原來是先生向爺爺借了五萬元要買一台中古車。淑娟因此問了先生，先生說：「如果我不告訴你，你也不會知道。」原來她先生打算每天一樣騎機車出門，再到停車場換車，晚上開車換了機車再回來，而且連停車場都租好了。

　　淑娟無法接受，覺得他們夫妻之間的信任感不見了，她向先生追問，先生說：「我只是買一個自己的東西都不行嗎？」她要先生交出薪資單，先生說：「你一定要管這麼多嗎？」淑娟很迷惑，不知道到底哪裡出了問題？

　　夫妻之間有一定的相處之道，每對夫妻的相處模式都不一樣，不是別人的一定比較好，也不是自己的絕對對。相處之道是一種平衡，就像在一個翹翹板上，若一個人往後退，另一個也要往後退才能平衡；一個人往前，另一個也要往前，這樣翹翹板才不會失衡。

　　我表哥是個忠厚老實的人，娶了一個精明能幹的妻子，每個月大哥的薪資如數交出，大嫂持家理財，並對於大哥的工作十分關心，包括幾點離開辦公室、幾點回到家都瞭若執掌，連大哥的主管生日、主管的小孩考上哪間高中都一清二楚，當然，禮數也會如期送上，從不落人後，大哥事業平步青雲，很快的就升上一級主管，成為航空公司的督導。我倒也不曾聽過表哥說表嫂管太多，你覺得他們的

翹翹板是怎樣的呢？不論它是怎樣的，重要的是對他們來說，它是平衡的。

我能在每一次與人相處時，快速找到平衡點嗎？

我能明白相處是一種舞蹈，是協調的運動嗎？

3-17 真不真實不重要，有效最重要

有人問我：「若我的宗教信仰並不認同輪迴，我如何能被催眠進入前世得到療癒呢？」

其實，前世療法只是催眠運用的其中一種技巧，並非所有的人都需要進入前世才能被療癒，而且很多創傷是今生所產生的，只需要時間回朔療法就可以改善，況且在催眠當中看到的意象也不全然是前世的片段，有時候是潛意識所呈現出來的隱喻，藉由這樣的隱喻能令被催眠者有新的或心的領悟，藉此改變或包容自己及他人，因此，是否認同輪迴概念，都不會影響催眠療癒的效果。

很多人面對自己的婚姻或交往的對象會有不安全感，會想知道如何不會受傷或白白的付出，所以也有人在交往前會想了解彼此的因緣，以便能順水推舟，知道如何相處對彼此都輕鬆愉快。

個案是一個四十幾歲的男性，最近認識一位女性朋友小珠，對她的感覺很特殊，想了解他們的前世是怎樣的因緣？

經過誘導後，個案很快的回到了一個非常寬大的庭院，有著花園、紫竹、水池及流泉，他看見一個木造的房屋，尖尖的屋頂，紅色的門外有一對石獅，屋內有一張他感覺非常熟悉的椅子，這張椅子是一張木造龍椅，似乎是曾經使用過的辦公椅子；一位穿白色絲質衣服的仙子，拿著一支花瓶將水倒入水池中，這女生很尊貴，是協助他的仙子，這個仙子就是小珠。這是他居住及辦公的地方，他

是監察使，掌管人間的善惡紀錄，在庭院的外面擁有幾十萬的兵馬任其差遣；他帶著一頂銅帽，是個官爺，穿著紅色鞋子，搭配黃色的衣服；他是玉皇大帝的兒子，排行第四，因為犯了慾念而被貶落凡間，來人間只有兩世，他的第一世是明朝的武術教師叫作陳武陽，在山西與小珠結下因緣；第二世是民國年間，小珠因他私自下凡而犯了天條，我問他們會有結果嗎？他說不會，因為小珠犯天條而被貶，因此不會有姻緣，他自己也要將功贖罪，所以是不會有結果的。天上情份而犯錯，脫離天界犯天條，一切苦難怨何人。他知道要如何面對這一段感情了，一切隨緣，開心就好，不要給彼此太多的壓力。

你相信有前世嗎？

你覺得這些潛意識的訊息要帶給我們什麼？

在 NLP 的世界裡，真不真實不重要，有效最重要。

3-18 切割與連結

透過生活的歷練與訓練，我們習慣將角色定位的很清楚，因此學會了切割。

當我在公司時我是主管，我必須全然的是個主管，當我回到家，我又是一個家庭主婦，我必須全然是個家庭主婦，生活訓練我必須演什麼像什麼，因此，我們學會了切割，切割身分、切割時間、切割情感、切割資源……

但是切割真的解決了我們所有的問題嗎？

一再的切割並不會讓我們得到我們想要的，反而會使我們無力。尤其當我們狀態不好的時候，這樣的切割會令一個人資源鬆散並失去支持的力量。

如何與豐富的自我狀態做連結是很重要的功課。

什麼是豐富的自我狀態？

你可能曾經有一個經驗，那是你感覺愉悅、自信、開心、滿足、甚至是一種內心感到溫暖的感受，也許是一個畫面，也許你無法形容，但你能體會，那是一種身心靈合一、合諧的狀態，那就是你的豐富自我狀態。（豐資狀態）

無論何時，只要你與豐富的自我狀態做連結，你就能立即得到更多的資源，透過身心靈和諧的豐富自我狀態與自己的連結，你能創造出更多的可能，擁有更多的資源，能夠更柔軟、更敞開，更靈

活、更愉悅、更有自信⋯⋯，所有一切的資源都在其中，都能立刻支援你，讓你得到你想要的一切。

你可以想像有一條線，連接在你和那個狀態之間或像小叮噹任意門一樣，打開門並走進去，隨意的進出，可以是你走進去，也可以是他走出來。

常常讓自己與豐富的自我狀態做連結，能為你的生活帶來全然不同的感受，何不現在就試試看！

ＮＬＰ教練心語 ▶▶

連結有時能創造更多的資源。

練 習

我最有正向感受的一次經驗是什麼？

那是什麼感受？

我的身體有什麼感覺？

我在哪裡？

身邊有什麼？

我在做什麼？

如果那是一個畫面，可以把它描述一下嗎？

如果那是在身上的一個感覺，在哪裡？形容一下

把這畫面或感覺放大並記在腦海裡，時時想起這個畫面連結這個感覺，尤其在你覺得失意的時候。

3-19 願望與目標

什麼是願望？什麼是目標？

願望是沒達成也沒關係的，目標則是沒達成很痛苦的。

有天我給一個小姐做諮詢。

她說：「我想讓我的人生更好！」

我說：「非常好，怎麼樣能夠讓你的人生更好？」

她就說：「我想要月入三萬元。」因為她現在一個月賺兩萬。

我說：「非常好，那你告訴我你現在做了什麼能夠讓你的月薪從兩萬變成三萬呢？」

結果，她說：「可是齁……現在景氣不太好，這份工作還是加減做啦，免得到時候沒工作可做。」

我說：「是呀，這是你的感覺，我是在問你說，你做了什麼能夠讓你從兩萬變成三萬？」

她說：「其實沒賺三萬也不要緊，有工作做就好了。」

我告訴她：「那你想要一個月賺三萬就不是你的目標了，那個叫做你的願望，因為有沒有達成都沒有關係的；如果你認為那是你的目標，一定要達成不可，一定會有行動的方案。所以你今天寫一個目標，請想一個一定要達成的，不要想一個達不成的，不要把願望當目標喔！」

3-20 「不知道」的迷失

　　最近家長常與我討論青少年的溝通障礙，每每雙方的對話都會在青少年回答「不知道」後，大人就接不上話，溝通就在「不知道」中劃下句點。

　　在青少年說「不知道」之前的談話是怎麼開始的呢？

　　是否你用了「為什麼」作為談話的起始語？

　　這是你慣用的談話起始語嗎？

　　當你仔細觀察自己的說話方式，就會發現溝通障礙是大人造成的。

　　一位美語老師與我分享她的學生將答案抄寫而不自己做答被發現後，她警告學生不可抄答案，學生頂嘴說：「我只有前面抄而已。」我的朋友說：「你再說一次。」我問她：「你的意思是什麼？你真的要他再說一次嗎？」朋友瞪大眼一臉猶豫的看著我：「不是。」我問她為什麼這麼說？她陷入思考當中。

　　我們常常有一些習慣用語，可能很幽默、可能很俏皮、可能很通俗甚至鄉土，但卻可能造成溝通上的障礙卻毫無察覺。小朋友是一張白紙，完全照大人所說的去做。我記得小時候妹妹常被媽媽打，妹妹很是委屈，媽媽則被妹妹氣得半死，妹妹一直看電視，沒聽見媽媽已經叫她好幾次，後來媽媽很生氣的說：「你再給我看電視試試看。」妹妹聽不出媽媽的生氣情緒，繼續坐在電視機前，後來就

被修理了。妹妹其實也還滿笨的，但媽媽就沒有錯嗎？為什麼要說反話呢？因為外婆就是這樣說的，媽媽只是複製罷了。

我們覺得自己說得很清楚，為什麼小孩聽不懂呢？中國字很奧妙，有時感覺很美，有時也很容易誤解。我跟朋友說以前我男朋友在我身邊抽菸，我會不發一語，用手一直在鼻子前面搧，朋友說：「真是很糟！」我說：「是呀，真是太糟了！」朋友說：「我的意思是這是個『狠招』。」

我們會用自己的思維想法解讀別人的話語，誤解是誰造成的呢？

講清楚、說明白，幸福就會來

習慣的養成需加入一些關注及耐心，當我們用「為什麼」做起始語時，通常得到的答案會是較多的理由和藉口，因為「為什麼……」帶有責備的意味存在，使聽到的人不由自主的想找個理由來解釋。

「為什麼你功課還沒寫完？」

「為什麼還沒洗澡？」

「為什麼吃飯吃那麼慢？」

「為什麼不去看書？」，

你想我們會得到答案嗎？

當青少年找遍了答案都無法滿足你時，就會出現一個答案，就是——不知道。

因為當他說「不知道」後，你就問不下去了，因此這就是請你
閉嘴的標準答案。

所以，用什麼作為你的起始語呢？現在就想想吧！

PART 3 讓生活更快樂的練習

3-21 你真的把話說清楚了嗎？

　　溝通在於將自己的意思表達清楚，但是大部分的人會因為自己的經驗及認知而簡化說明，卻希望對方完全了解自己要表達的內容，並做出回應。

　　我與幾個朋友上台北玩，住在小姊姊家，小姊姊是一個愛乾淨的人，將家裡打掃得一塵不染，因此我再三叮嚀朋友們要維護環境整潔。

　　因為浴室只有一間，所以我們輪流洗澡，我一再叮嚀每一個要進浴室的人一定要拉上浴簾；而我則跟小姊姊聊天，最後一個才洗澡。當我一進浴室，發現整個地板都是溼的，連洗衣籃的衣服都淋濕了，我嚇了一跳，趕緊出來問誰沒有把浴簾拉上，結果每一個人都說有拉上浴簾，我滿腦子懷疑的自言自語：怎麼可能會發生這樣的事，不可能呀！我不相信的再一次問了所有人，答案還是一樣。我脫口而出：「怎麼可能拉上浴簾，人站在浴缸裡面會把地板和衣服弄濕？」這時忽然有一個朋友說：「我站在外面，但是我真的有拉浴簾。」

　　我們常常覺得自己說得很清楚，為什麼別人做不到？

　　從這件事，我真正的看到每個人生活背景及文化習慣的差異，我不再認為自己的認知是絕對正確的，能用更柔軟的心去看待別人的行為及思維，這使我更了解人，與人更親近。

3-22 競爭力在哪裡？

　　我曾經請一個助理將一包搾乾的檸檬放到冰箱除臭，結果當我打開冰箱時發現，整包檸檬都還在塑膠袋的時候，我心裡想這是發生了什麼事，要放到冰箱除臭的檸檬，連袋子都沒有打開，而這位助理已經三十幾歲了，也擁有專科的學歷，我不禁懷疑：真的讀了很多書就能夠生存嗎？

　　國二的女兒最近常花心思打扮，有時喜愛超齡的裝扮，戴誇張耳環、穿高跟鞋。我總是在想，為什麼她會重視外表勝於讀書，又反過來想，裝扮和讀書有什麼衝突？我們總是希望小孩能多充實自己，能有競爭力，但他們總覺得這跟打扮有什麼關係？

　　她總是存著明星夢，希望有一天能像明星一樣耀眼，我想告訴她軟實力的重要。我問她看利菁的變身節目（醜女經裝扮變靚女）有什麼感想？她說沒什麼感想。（大多時候，我的小孩說不出心得，對於需寫心得的功課也很頭痛，和她一起看電影或電視是我們的娛樂，透過影片引導她說出自己的想法，並溝通我的看法，以期望能達到親子互動的效果。）

　　我說：「這個節目告訴我們一件事，那就是這個世界上已經沒有醜女了，整形、醫美、化妝術，都能讓人醜女變美女，未來的競爭力不是你長得多美，美女已經充斥整個街道、校園，若想跟別人不同，不是在外表上搞怪，而是在頭腦裡多點東西，增加點創意，

增加溝通的能力，培養較高的敏感度。」

一個人氣質好不好，不說話可能可以裝一下，但是只要一開口，說的話就決定勝負了。奧黛麗赫本主演的《窈窕淑女》電影中，她從一個粗俗卑微的街頭賣花女，經過語言專家的調教訓練成為高層名流社會的名媛，從此人生大不相同。

到底什麼時候該說什麼話，真的是需要好好的學習，而辭彙及談話內容是無法憑空生出來的，唯有透過閱讀、分享、覺察、討論，才會形成自己的內容。

我的女兒是促使我成長的因子，為了讓她精進，我也不得不走在她的前面，我們一起學習，一起討論，她還真能激發我的想法，讓我找出更有效的溝通方式，而她也通常是我第一個實驗的對象，我很感謝她。

我們必須透過經歷一樣的事件，去討論、去發現、去覺察、去說出內在真正的想法以便了解自己和了解別人，透過溝通去傳承我們內在真正的思維和行為。

走在孩子前面比在後面推他容易多了。

3-23 覺察自己

　　我在機場遇見一個六年不見的朋友小緹，她帶著一個五歲大的兒子，長得相當可愛。

　　我的同行姐妹見小孩可愛，就從皮包裡拿出一顆糖果跟小朋友說：「給你吃好嗎？」未等小孩回應，小緹就對著小孩說：「你確定要吃嗎？你已經滿口蛀牙了！」我一看，小孩確實有幾顆黑黑的門牙，姐妹笑一笑就請小朋友將糖果收起來，不再勉強孩子吃糖。過了一會兒，小緹重新整理她的手提行李時，從包包中拿出一個袋子，是一個透明的封口袋，裡面裝了十幾支的棒棒糖。

　　到底發生了什麼事？為什麼我們常常做出一些跟自己說的不一樣的行為？你明明說：「我下一次再也不要跟他說話。」但後來你還是破功了；你說：「我再也不管他了！」但你還是想控制他；你說：「他老是騙我，我再也不上當了！」但下次他打電話來你又跟他出去了；你說：「我要減肥！」但吃完再減的也是你。有時我們並沒有察覺到，而且重覆一直說，也可能做了一輩子。

　　為什麼我要說我做不到的事情呢？到底我發生了什麼事？

　　太多人因為心口不一慢慢出現了身心失去平衡的狀態，症狀是：失眠、脾氣暴躁、沒有耐心、不專注、有空虛感、覺得生活沒有意義……等。

　　「整體平衡」是二十一世紀人類都在追求的課題。相信你的大

腦，尊重內在的聲音，你不相信大腦又如何相信自己？若你不了解大腦的想法，又如何與他生活在一個身體裡？

3-24 你的話將催眠你的孩子

　　兒童是最容易被催眠的族群之一，而父母的指令（說話內容）更是兒童最容易接收的，不管父母對小孩說了什麼，他都會輸入大腦，並信以為真，但是只要你給他一個新的證據、輸入新的指令，他就會修正。

　　今天一個朋友小菊拜託我去美語班接她的小孩柔柔，柔柔是一個五歲的小女孩，個子非常嬌小，她看見不是媽媽來接她，掉了兩滴眼淚，上車後我說帶她找媽媽，煮玉米濃湯給她喝，她就安靜不哭了。

　　當柔柔的媽媽小菊來接她的時候，劈頭就說：「柔柔，你在生氣對不對？」柔柔正喝著玉米濃湯，沒答話，小菊又問：「你在生氣對不對，你一定是在生氣，所以你不回答。」小菊告訴我柔柔老是不說話，而且個子比一般同年齡的小孩小，她下個月要帶她去抽血檢查。

　　後來，小菊又對柔柔說：「我去接哥哥，我回來的時候，如果你玉米濃湯沒喝完，我就把你放在這裡，只帶哥哥回去。」臨走時還丟下一句「她一定喝不完」。當小菊回來接柔柔時，柔柔的湯還剩一些，小菊說：「我就說她一定喝不完。」

　　柔柔只要不說話，小菊就解讀她在生氣，即使柔柔不生氣，也要假裝自己在生氣，因為她若不承認她在生氣，就可能表示媽媽說

謊或不了解我，為了心愛的媽媽，她可能就不再表達真正的自己，將真正的自己隱藏起來，而小菊卻只看到柔柔都不說話。

父母常常會恐嚇小孩，但是又不一定做得到，這會使小孩的認知能力混亂，不知道父母哪一句是真的，哪一句是假的，久了之後不再對父母的話做出回應，父母則越來越不能理解小孩到底在想什麼了。

最佳的方法還是要從父母講話的習慣下功夫，才能從小孩身上得到最佳的反饋。

3-25 到底是誰把小孩搞瘋了？

　　我問一個家長（他的女兒十六歲）：「您希望您的小孩長大嗎？」

　　他回答：「當然。」

　　我問她長大的定義是什麼？他說：「獨立、能保護自己、能明辨是非。」

　　我說：「這真的是你希望你的小孩擁有的嗎？獨立、能保護自己、能明辨是非。」

　　他說：「我希望他在外面很獨立、能保護自己，能明辨是非，但是回到家要聽我的話。」

　　我說：「很快的，你的小孩就會有人格分裂症，要去看心理醫生了。」

　　我用相同的問題問過超過一百個家長，每個家長都希望自己的小孩長大，但是對長大的定義卻很模糊，有些甚至連定義都說不出來，大多數的家長會說：「獨立、能明辨是非、能保護自己、能照顧自己、快樂、能身心靈平衡、照他的年齡有應有的能力、成熟⋯⋯」我又問：「請問您為您的小孩長大提供什麼樣的資源？」有些家長說：「送他去學校、去安親班、去學才藝。」我問：「還有其他的資源嗎？」現場一片安靜。

　　我又問：「目前您提供的資源，能幫助您的小孩達到您要的『長大』嗎？」

　　每個父母都希望自己的小孩成長，但是提供的資源又很少，有時連家長都不知道自己到底要小孩怎麼樣，那小孩又如何達到父母的目標或標準。有時希望他獨立，有時又覺得他不跟家人互動，太有自己的想法，有時覺得他很幽默，有時又覺得他沒禮貌，沒大沒小，有時希望他自己打理，有時又覺得應該幫幫他，父母都搞不清楚自己，卻想掌握小孩，這是一個很特別的現象。有一個家長希望他的小孩合群，但是每天中午買日本便當到安親班給小孩吃，這小孩會合群才真的奇怪了。

　　也許我們應該花點時間了解一下自己，以便能了解我們的小孩，進而幫助我們的小孩，大多數的家長覺得長大是小孩的事，若是這樣，為什麼你要他去學他不想學的才藝呢？

3-26 代溝來自溝通不良

　　有一個媽媽帶著小孩到廟裡拜拜，忽然聽到「叭噗」的聲音，小孩很興奮的往外跑，過一會兒跑進來跟媽媽說：「我要吃叭噗。」媽媽說：「等一下再買。」小孩又往外跑，不一會兒而又跑進來跟媽媽說：「我要吃叭噗。」媽媽說：「等一下再買給你吃。」小孩往外跑後又立刻跑回來，跟媽媽說：「我要吃叭噗。」媽媽很生氣的說：「你這小孩怎麼這麼不乖，連等一下都做不到。」小孩很委屈的說：「菩薩又不會跑走，再不趕快買叭噗，叭噗就跑走了。」

　　這個小孩前兩次只說了「我要吃叭噗」，但是他並沒有真正說出心中的想法，直到第三次他告訴媽媽，菩薩又不會跑走，再不趕快買叭噗，叭噗就跑走了。

　　很多的時候，我們在跟別人溝通也是這樣，我們心中有一個念頭，透過我們的思維、習慣，我們只說出了結論，把這個結論告訴對方，可是對方並不清楚你心中真正的想法、真正害怕的東西，因此給你的回應不是你想要的，人與人之間的溝通便因此出現了障礙。

　　當很多的父母在專注做一件事情的時候，小朋友如果來跟她說：「媽媽，我想要做什麼……」我們通常都會認為我們現在做的這件事比他更重要，因此我們會覺得小朋友很吵、這個小孩怎麼不聽話……等等。可是，如果我們的小孩能夠像「叭噗故事」中的小孩

一樣，在第三次的時候，說出他心中真正的想法，我想父母與小孩彼此之間的溝通就能夠大大提升。

那為什麼我們沒有辦法告訴別人自己心中真正的想法呢？

是因為每個人依照所看到、所聽到、所感覺到的情況，在心中會有一個路徑，這個路徑會在你的腦中描繪出一張地圖，而這張地圖就是你的認知和理念。

我們常常告訴別人最後的理念，卻沒有告訴他，我為何會產生這樣的理念？我真正的理念在哪裡？所以很多時候，我們在與人溝通時，很容易犯了這個毛病，以致於會有「我覺得自己說的很清楚，但對方聽的很模糊或聽不懂」的情形發生，有時角色互換一下，別人也會覺得他明明就說的很清楚，可是我們會覺得聽的很模糊或聽不懂的情形是一樣的。

這樣的情形，如果出現在親子之間就會產生嚴重的代溝，久而久之，我們的小孩便不再與我們溝通，因為他覺得我們一點都不了解他。所以他封閉自己不再與長輩溝通，覺得與同儕之間溝通反而比較簡單、不用說明，反正聽不懂也沒有關係！現在的小孩在溝通的當中，只要覺得好玩、開心就好，意思真正的傳達，對他們來說並不是很重要。

兒童在十二歲之前是沒有很強的理解能力，他們大多只有背誦、學習、記憶的能力，在十二歲之後理解能力才會提升上來，不過，隨著電視、電腦、報紙、傳播媒體……等等的刺激，理解力缺乏培養的機會，有可能慢慢的下降，也有可能出現遲緩的情況。

很多的學生已經大學畢業，對於社會的認知非常的貧乏，不清

楚他應該用什麼樣的姿態、立場在這個社會上立足，因為他們會覺得有那麼嚴重嗎？不學這個有那麼嚴重嗎？不會那個有那麼嚴重嗎？

　　假設我們沒有透過開啟心中的衛星導航，開啟心中與世界溝通的管道，那只會讓自己更孤立！

3-27 通通有獎是好的獎勵方式嗎？

　　今天是文元和文成讀經班第三期的成果發表會，每個家長都帶著小孩到崇正基金會參加；經過三期以來的學習、相處，所有的學生還有家長感情都已經非常好，大家各自帶著一份點心來到基金會聚餐，基金會也為了招待我們準備了非常多好吃的東西，桌上擺滿了食物，有炒飯、炒麵、水果、豆花、紅茶、蕃茄、餅乾等等應有盡有，大家吃得非常開心。

　　表演時間一到，全部的人陸續進會場，首先由幼幼班的小朋友做成果發表。他們朗誦了《三字經》、《道之宗旨》、《中庸》等等經典，並表演了《道之宗旨》的手語，最後是帶動唱；家長班的媽媽跟爸爸們也準備了兩個節目上台表演，大家玩得非常開心。

　　記得第一次讀經班開課的時候，所有的家長都非常的拘謹、嚴肅，大家都很客氣，應該說是過度的客氣。這期是第三期，時間經過了一年半，大家愈來愈熟悉了，感情也慢慢建立起來；而且經過這些時間的學習與成長，我們也更懂得用柔軟的心、開放的心，來看待周遭的人事物。

　　這場發表會舉辦的非常成功，感謝崇正基金會的王經理、大白熊老師，還有幫忙的助教老師，成長班用獻花來表示對義工老師的感謝。就在全部的人準備大合照的時候，大家面對著照相機、擺好姿勢，突然有一個家長跑出來站在眾人跟照相機的中間，大聲說：

「你們這麼開心,有一些小朋友沒有拿到獎品並不開心,下一次你們應該要通通有獎才可以。」

當時大家都愣住,不知如何回答他,繼續完成拍照,結束了一天的活動。

後來我在跟主辦活動的王經理聊天的時候,這位家長跑來跟王經理說:「老師,我可以帶我的小孩離開了嗎?」王經理笑著回答說:「當然可以。」

這位家長接著對王經理說:「你們今天辦的這個活動太失敗了,因為我的小孩心情很不好,下次你們應該要通通有獎,給小孩一點點鼓勵才是。」

王經理笑臉迎著,把他送進電梯。

當時我坐在位子上,想著到底怎樣的狀況應該通通有獎?到底怎樣的狀況應該賞罰分明?我們能夠要求全世界對我們都通通有獎嗎?

我開始為這個小孩擔心。王經理回到座位上,笑著對我說:「真的很為難!第一、二期的時候,每個小朋友通通有獎,小老師們反應,很多小朋友認為最終都通通有獎,因此也不需要努力、也不積極背經文!所以經過小老師的建議,第三期改成獎勵優秀表現的同學。」結果這個家長的反應令王經理感到很為難。

其實我們生活中常常會遇到不如意的事情,很多事不見得都能照著我們的想法實現,這時候應該怎麼辦呢?

我能夠要求我的孩子去到學校表現不好的時候,老師也應該要獎勵他嗎?

假設我有幸遇到一個懂得鼓勵的老師，那真是太好了！

如果我孩子的老師並不懂得用鼓勵的方式，那我又應該如何呢？

假設我的小孩在學校表現優異，而表現不好的人跟她一樣有獎勵，他回來告訴我：「媽媽，這世界真是太不公平了！我這麼努力的唸書，我拿到獎；我的同學考試成績亂七八糟，也不努力背書，他也可以拿到獎，那我下次也不要努力了！」

我應該如何回答她呢？

與小孩的每一次溝通，都是屬於機會教育。

這件事情讓我反思，假設今天我是這位抗議的家長，我會用什麼樣的心情看待，應該調整的是主辦單位？還是我的小孩？還是我自己呢？

我的小孩希望被獎勵，有錯嗎？

我希望通通有獎，有錯嗎？

主辦單位希望賞罰分明，有錯嗎？

假設都沒錯，那為什麼我們會出現這麼大的落差？

所有的人對於事情的看待，都是屬於個人的認知。

在 NLP 的技巧裡面，告訴我們並不是憑著真相來看世界，而是照著我們心中的地圖；也就是心中的感覺來看世界，沒有對與錯，只有回饋！

怎樣的回饋是你要的，怎樣的回饋不是你要的，假設這個回饋不是你要的，我們又應該如何改變呢？

這個抗議的家長當著他小孩的面，對這麼多人提出抗議，他的小孩從這個情況中看到了什麼？學到了什麼？在他的心中又留下了

什麼樣的影響？這個小孩真的是因為沒有拿到獎而不開心嗎？還是只是因為他身體不舒服或是媽媽沒有來？或者是其他的原因呢？不可知的答案！

這位爸爸用他所看到，來判斷他的小孩是因為沒有拿到獎而不開心！其實有很多人也沒有拿到獎，但並沒有所謂「小朋友不開心」的情況，那這又是怎麼一回事呢？為什麼我會說擔心這個小孩，如果這個小朋友因為沒有表現的很好而沒得到獎勵，所以他就生氣了，他的父親就去為他爭取，這個小朋友就因此開心了嗎？那他的父親能為他爭取到什麼時候，如果有一天他的父親不在了，那誰來為他爭取？

越來越多的小孩不再與外界溝通，越來越多的大人不清楚小孩的想法，因為小孩始終說：「你們大人根本不了解我，你們根本不清楚我在想什麼。」大人則說：「小孩都不告訴我他在學校做什麼，也不告訴我他心裡在想什麼？」那這又是怎麼一回事呢？

透過學習，我們可以用更多的方法來解決我們的問題；透過學習，我們可以用更柔軟的心來看待我們周遭的人、事、物；透過學習，我們可以用更多的智慧來處理我們的問題。

這個爸爸認為他當眾提出抗議是最好的表達，所以他這樣做了！可是，他知道這對小孩的心裡會造成什麼的影響嗎？為何不是等到回家後，告訴他的孩子說這次沒得到獎沒關係，下次再努力一點，一定可以得到獎的；然後再來跟老師溝通，給小朋友一個獎勵，小朋友會因他的努力而得到獎勵，這樣不是會更令人開心嗎！還是因為我的父親去爭取而得到獎勵，這真的是他所應該得到的嗎？

3-28 兒童的信念來自大人

　　朋友認識一位神職人員（乩童），是九天玄女娘娘的代言人，專為信徒消災解厄、固定給人問事解厄。因未婚無子，領養一位女童，目前約七歲。這位女童每日在辦事解厄的環境中長大，覺得母親很偉大，因為看到常常有那麼多人排隊來請示母親，且畢恭畢敬、言聽計從。

　　有一日，朋友問女童長大後想做什麼？女童回答：「媽媽說不要做娘娘（九天玄女娘娘），其他工作都可以。」朋友又再問：「那你最想做什麼？」女童毫不考慮的回答：「我要當媽祖。」

　　六至十二歲是最容易被催眠的年紀，往往身邊發生的事情就是他們的一切，他們也認為這就是世界。面對小孩的童言童語，我們可以看見他們的世界，知道他們的想法，進而去找尋使他們建立信念的蛛絲馬跡，也了解大人自認為很清楚的溝通，是否真能使他們明白？避免代溝的形成，我們透過語言、肢體、文字、圖像……等的模式溝通，真正想要的結果是什麼？若不懂得大腦如何工作，又如何運用它呢？

3-29 我的教母教我的事

　　小時候，因為父親工作的關係，我們舉家搬遷多處，我國小唸了四所學校才畢業，足跡遍布台灣西部，北起基隆南至高雄。

　　父親有一遠房堂姊，也就是我的姑姑。姑姑看我們家四個小孩跟著父母奔波生活，加上她自己的一對兒女已上高中、大學，在奶奶的商量下同意照顧我，讓我住在姑姑家安心讀書。

　　我稱姑姑為「媽咪」。媽咪對我的人生影響很大，讓我感受到母親的愛及師長的教導，她總是身體力行來展現生命並教育我，若沒有媽咪對我的照顧及成長中的影響和支持，我今天一定沒法如此自信、自在、熱情的生活。

　　記得有一回，我幫忙打掃，負責擦地板，但因為想看電視，就隨便亂擦了事，坐在椅子上看電視。媽咪問我：「擦好地板了嗎？」我說：「是呀。」她又重複問了一次，我還是告訴她，我擦好了。

　　過了一會兒，媽咪拿著抹布要重新擦一次地板，我立刻站起來說：「我擦就可以了。」媽咪並沒有答應，她叫我坐下，並從頭到尾重新擦過一遍。從此以後，我不會對應做的事馬馬虎虎，我知道媽咪要告訴我「若做過的事還要重新再做，就等於沒做」。我的媽咪就是這樣用生命、身體力行的教育我。包括她要我用抹布擦地（不用拖把），讓我親近地板，看清楚，連小角落都不放過、不馬虎，要做就做最好的，都是對我極佳的訓練。

我真的無法用言語來形容我對媽咪的感謝，唯一能做的就是把她的精神留在我的身上，並延續她的慈悲、包容、仁慈、愛和智慧。

我相信，女人是需要被雕塑的，透過學習成為一個你想要的自己，吸引喜歡這樣的你的人，過著你想要的生活。

3-30 潛意識的奧祕

朋友已經四十三歲了，卻不敢關燈睡覺，求助於我。我問他可以接受催眠治療嗎？他欣然接受。

他躺在他家客廳裡，沒有背景音樂，只有我的聲音，催眠當中，他進入五歲的時候，穿著白色上衣、咖啡色的褲子，站在一棟有橘色屋頂的別墅前面，且別墅前面有庭園。我請他進入屋內，他因屋子黑暗不敢進入，我為他開燈後，他還是不敢進去，他說屋子裡全是遺照。我請他進入看看是否有認識的人，他說沒有，我請他再找看看，他說有，是他爸爸，（他父親已往生數年）。我引導他與父親對話，說出心中想對父親說的話，並傾聽父親的叮嚀與彼此祝福後和父親告別。

隔天他打電話告訴我發生了奇怪的事情，從來睡前與睡後都維持同一姿勢的他，竟然一早起來身體一百八十度旋轉，而且也不知道是如何變成這個姿勢的。

一週後，我問他是否不敢關燈睡覺？他說：「現在不關燈睡不著。」好像沒辦法開燈睡覺從來不曾困擾他一樣，我自己都覺得太神奇了。

潛意識的運動到底如何進行，我無法用言語表達清楚，但真的很有效，也使我更有信心。一般人對催眠的認知很狹隘，包括在我學催眠之前，只認為催眠是馬丁秀，被催眠的人會完全沒有意識的

做出一些催眠師所要求的動作，甚至把口袋裡的錢都掏出來，甚至脫衣服。其實，真實的催眠並非如此，在催眠當中被催眠的人意識是清醒的，且能與催眠師對話，將看到、聽到、感覺到的與催眠師互動，進而達到療癒的效果。舉凡增胖、減重、戒菸、情緒平衡、提升自信、解除焦慮……等都能藉由催眠達到改善，是一種非侵入性又無副作用的療法，藉由催眠的技巧能幫助自己及他人，我覺得真的太棒了。

3-31 我是為他好

我的好朋友問我：「感情真的是女人的死穴嗎？」我說不一定。他又說為什麼女生交往的對象總是會落入同一種結果？她說她總是交往一陣子就分手，往往沒有結果；交一個男朋友，後來相處久了就會感情越來越淡，彼此越來越隨便，不像剛認識時那麼注重小細節，甚至對彼此要求越來越多。

她說前男朋友在他姊姊的公司上班，朋友覺得她男朋友做很多應該多拿些酬勞，就向男友提起，男友不但不領情，直說她愛計較，後來連男友的家人也認為朋友是個愛計較的人，後來分手收場。朋友心裡很不平衡，她覺得「我是為他好，才提醒他」，沒想到落到這樣的評語。

我說我覺得大多數的人會落入同一個循環，是因為**不夠了解自己，也不夠尊重別人**。

很多人將別人的事當成自己的事情來評估，用自己的價值觀做出判斷，卻希望別人做出你的決定，這就是一個很大的盲點。人很容易因為與某人有某種特殊的關係，就認為自己有資格給某人建議，甚至要求他照你的意思做。**因為他是我的……**，我的男朋友、我的先生、我的小孩、我的太太、我的父母、我的兄弟姐妹，**卻不是因為那是他希望的，而是你希望的。若你持續用這樣的方式與身邊的人互動，將使你陷入非常危險的人際關係中。**

3-32 找回自己的力量

　　曉嵐是一位三十八歲的小姐，從事餐飲經營事業，長得非常美麗可愛，個子雖然不高但很貴氣。

　　曉嵐經歷一次失敗的婚姻，有一個十六歲的女兒，後來她交了一個男朋友阿財，但是個有婦之夫，在一起五年。有一天，她忽然想成全這個男人的家庭，對他提出分手，請他回去好好跟家人相處，這男人一口答應，曉嵐自覺做了一件好事，很高興。但沒多久，這個男人與老婆離了婚，娶了一個年輕女子為妻，當曉嵐知道後如同晴天霹靂，完全對自己失去信心，不再相信自己的判斷、找不到自己的力量，完全無法從這個事件中走出來。

　　原本曉嵐是個很有自信的人，但是兩次感情的失敗及背叛，讓她完全喪失了信心，找不到生活的重心；與女兒的關係也不好，曉嵐覺得女兒比較像媽媽的角色，她自己反而比較像女兒，女兒會照顧她，但曉嵐總是會打罵她，女兒不會還手也不會離開，只會用手捉著曉嵐的手臂，阻止曉嵐打她。曉嵐在感到非常無力的狀態下，想透過催眠找到答案，因此做了前世回溯療法。

　　她回到前世狀態時，曉嵐穿著藍布衣，感覺有點像喪服，是個女性，曉嵐看見一個男子若有所思的站在一座拱橋上，這男子長的不像她前夫，但她知道那是他，我問她前夫在做什麼？她說：「什麼也沒做，好像在他自己的世界裡，覺得自己懷才不遇很鬱悶。」

我問曉嵐對他有什麼感覺？她說她很愛他，我叫她在他耳邊告訴他「我愛你」，看前夫有什麼反應，前夫毫無動靜，我叫曉嵐抱著他，他還是毫無所動。後來曉嵐回到家中，家中有爸爸和媽媽，媽媽臥病在床，是曉嵐今生的奶奶，爸爸照顧媽媽一生，而爸爸還是今生的爸爸，家境不是很好，但還過得去。曉嵐還有一個男性的知己朋友，也就是今生男友阿財，曉嵐常常與他長談，無話不聊，有時一聊就是一整天，感覺非常開心；阿財家有一個丫環，很喜歡曉嵐，每當曉嵐到阿財家，丫環總是隨伺在側，送茶水、送點心，非常欣賞曉嵐，這個丫環就是曉嵐今生的女兒。前世的媽媽總是叫曉嵐要聽爸爸的話，爸爸常常說這兩個男人不可靠。

經過這次的回溯，曉嵐有了一些領悟，她知道他的前夫沒有將重心放在他自己以外的任何地方，因此婚姻的失敗不是曉嵐一個人的錯；而男友阿財和她不是夫妻的緣分，兩人只能是情同兄妹的好朋友、談心的對象，至於女兒，她也多了一份理解及疼愛。

一個月後，曉嵐告訴我她與女兒的關係進步很多，也真正的將感情的傷害療癒並且放下，找到了自己的自信，將生活目標又重新放在工作上，將餐廳的業績再創高峰。她很開心，想不到一次的療程能為她帶來如此的改變，讓她找到一直以來失去的自信。

只要想改變、處處充滿了機會。

3-33 面對自己的潛意識

　　潛意識以一種新的型態出現在我個案當中，這個個案進入潛意識當中幾乎不見任何人物，但看到的畫面已經在反應她的生活及困境。

　　她是一個家庭主婦，先生在大陸工作，長年不在家，她負責照顧小孩，他們育有一對兒女，老大是男生。她說當她先生回來時，她會很不習慣、很緊張，她想催眠找到與他們的關聯。

　　進入催眠態中，她總是走進冰冷又壓迫的岩洞中，即使走出岩洞，經過森林再進入屋內，屋內也都是岩洞形成的，是黑黑暗暗的岩洞，進入岩洞連接的是蜿蜒崎嶇陡峭的斷崖，只有一條路，唯一的路，她不得不前進，否則只能停留在蜿蜒崎嶇冰冷的道路上。我們試著找到不同的路以便走出這樣的黑暗與恐懼，過了很久，她終於走出這條冰冷的道路，她小心謹慎的通過，來到了一片竹林，她穿著村婦的裝扮，覺得竹林給她很放鬆的感覺，她遇見一個完全不說話的男孩，即使問路他也不回答，眼神始終凝視著遠方。走出竹林，她便自動回到了現在。

　　催眠後的討論，她覺得生活中讓她感覺壓迫又冰冷的岩洞是她的先生，她先生對她很好，但是她一直走不出有壓力和恐懼這樣的感覺；而竹林就是她之前的男朋友，讓她覺得很輕鬆，但這個男朋友已經往生了；那個在竹林中的沉默男孩是她的兒子，她的小孩就是這樣的個性（寡言、若有所思），而這個兒子的生父是她之前的

男朋友，我問她先生知道嗎？她說知道，但公婆及小孩不知道。

　　我要她想想對這次催眠有什麼樣的領悟？她為什麼總是進入冰冰冷冷的岩洞？她內心在擔心什麼？什麼事使她不安？有沒有什麼想要做的事？她說她要回去婆家給祖先上香，告訴他們小孩的身世，取得他們的諒解和原諒。

　　經過催眠課程後，她覺得面對她先生時的壓力變少了，感覺沒那麼沉重。雖然在催眠當中，她不像一般的個案看見真實的人物，卻也能將訊息接收完整，潛意識正以一種不同的型態呈現它的信息傳遞，不再以人物代表人物，而是運用大自然的元素來呈現要給當事人的感受，也許是這位當事人有面對人物的潛在恐懼，潛意識就用不同的方式來傳達她的意境吧！可見潛意識真的是面面俱到呀！令我又不得對它敬畏萬分。

3-34 在恐懼之前先釐清問題

　　我的朋友小愛常會在恍惚中夢見自己的死亡，夢中的情景及對話歷歷在目，恍惚中因為害怕死亡，答應要為神佛濟世（且連濟世要收多少錢都知道），但清醒後又懷疑其真實性。

　　有一日，她因朋友的介紹到一位師姐那裡去問事，那位師姐告訴她若不快修行，將會窮困潦倒、一無所有，她很生氣（覺得被恐嚇），但也很不安（因為答應濟世），所以跑來我家聊天解悶。我問她怎樣叫修行？她說她也不知道？我又問那師姐所謂的修行又是如何？她也說不上來。我就問她，那你要怎麼做才能逃離恐懼？要你拋下行動不便的母親和幼小的子女是修行？還是做今生應做的功課（奉親育子）是修行？

　　若你走在往東的路上，而別人告訴你往西才是唯一的路，我們勢必會恐慌。可是釐清問題才是首要應做的呀！其實我們的生活隨時都是修行，都是開悟，只是我們沒有察覺。停車時撞到柱子，下次停同樣的位置會閃開柱子就是「修」正、執「行」；用手打不開餅乾包裝袋，拿剪刀來剪，就是「修行」；教育孩子用打的，孩子還是改不了壞習慣，就想另一種教育方法，這也叫「修行」。所有的修行都為了讓我們的生活更自在、更輕鬆，提升生活品質就是修行。如果做一件事還要再做三件事來收尾，那哪有時間接近心靈、聽身體的聲音呢？

3-35 你是垃圾桶還是珠寶盒？

　　小慧告訴我，她的朋友小眉常打電話向她抱怨，說她一定會離婚。

　　小眉嫁到一個小村莊，和公婆同住，生了一個小孩，受不了整天待在家裡面對公婆、照顧小孩，所以她堅持一定要出去工作。但是，找了工作就必須請保母，因為要負擔保母的費用，就必須找收入更好的工作，因此工作時數就必須增加。小慧教小眉請婆婆帶小孩就解決了，但小眉覺得婆婆衛生習慣不好，不放心把小孩給婆婆帶。因此，小眉三不五時便打電話向小慧抱怨，覺得她無法在這樣的環境生活，離婚是唯一解決的方法。

　　小慧想幫忙她，但是只能聽她抱怨，別無他法。

　　是的，大多數的時候，面對親朋好友的生活困境，我們只能當個聽眾，聽他們的心聲，偶爾搭搭腔，罵罵當事人的假想敵，卻不知如何幫助當事人看清事實的真相，接受現實的狀況，並了解自己真正能掌握的是什麼，並做出想要的改變。

　　後來，我們會變成垃圾桶，別人就習慣向我們傾倒心中的垃圾，而我們花了時間與精神，卻幫不上對方的忙，糟糕的是，更讓自己陷入負面能量當中，久久無法回復，但是當事人講完後就精神百倍，生龍活虎的繼續生活，留你一個人陷在他的問題當中。

　　這讓我想起一個個案，那是一個五十幾歲的婦人，和老公離了

婚，卻依然住在一起，老公沒有工作向她伸手要錢，她也照付，老公在外面欠了錢，她也照單全收。她見人就訴說她的悲慘事蹟，痛哭流涕。

　　後來，她來到我的工作室，我花了一個小時聽完她的心聲後，問了她一句話：「你想一次性的解決這件事嗎？」她停了一下，又繼續說她小孩如何如何的告訴她要保護自己，我又問了一次：「你想一次性的解決這件事嗎？」停了很久，她還是答不出來。我請她回去好好思考這個問題，並在下次面談時給我答案，當然我是給她收費的，因為「抱怨，是需要付出代價的」。從此，她再也沒出現過，因為她並不想解決這件事，而只是想把我當成垃圾桶，而我可是珠寶盒呀。

3-36 生命的加油燈號

　　好朋友小路的室友在一家電子公司上班,室友說:「我好害怕,因為我們公司已經約談好幾位與我資歷、考績相當的員工,我覺得很快我就要被約談了,可能過完年我就會被裁員了!」小路問她:「那你有什麼打算?」室友說:「我也不知道,但是我很擔心。」小路說:「你有做一些什麼事讓自己別這麼擔心嗎?例如去找工作或提升考績?」室友說:「沒有,但是我真的很擔心。」

　　大多數的人總是不知道在什麼時候為自己加油。

　　你會騎車騎到車子沒油了,再推車到加油站加油嗎?不會,因為有油表。當油將見底時,油表的紅燈會亮起來,你就知道要去加油了。

　　請問當你需要為你的人生加油時,提醒你人生的紅燈在哪裡?你有看到燈亮起來了嗎?紅燈到底是在哪裡?

　　真的要等到車子沒油才去加油嗎?

　　真的要等到被裁員才找工作嗎?

　　真的要等到無能為力的時候才想辦法嗎?

　　小孩問爸爸:「為什麼別人都有大大的房子住,我們只有住小小的房子呢?」爸爸回答說:「你要好好讀書,賺很多很多的錢,以後你就會有大大的房子住了。」小孩說:「爸爸,那你小時候為

什麼不好好讀書呢？」是到了該覺醒的時候了！

　　很多人覺得離開學校之後就不需要再讀書學習了，以為成長是小孩的事。面對生命中的紅燈，你如何覺察及因應，重點是到底知不知道紅燈已經亮起來了？該是你加油的時候到了。上個自己需要的課程吧！

邁向幸福的道路

4-1 女人的必修課——優雅

　　女人是優雅的，女性在進化的過程中確實進化快一些，但那是來自於社會結構的逼迫。

　　女人必須在重男輕女的社會結構中生存下來，因此不得不戰戰兢兢，更需要察言觀色，除了照顧好自己以外，更要照顧好身邊重要的人。看看那些歷史上皇室的後宮佳麗如何活下來、如何活得有尊嚴？你就能知道女人為了生存需要花費多大的心力，如何努力的絞盡腦汁、活出自己。

　　是的，你會說你可以不要進宮啊，你可以過個小老百姓的生活，和你的夫君朝夕相處，過個幸福小確幸的生活，如果你的夫君也沒有野心的話。

　　一個以感情為重心的男人是你嚮往的嗎？

　　一個女人是為誰而活的？

　　一段關係的開始和互動，你是想要怎樣的結果？

　　當謝霆鋒和王菲再次迸出火花的同時，回頭看看張柏芝曾對媒體抱怨謝霆鋒的一切：不抱孩子，不做家事，只顧自的玩遊戲；而謝霆鋒為王菲做了什麼：為她下廚，和她一起做家務。同樣一個男人，面對不同女人卻有完全不同的行為模式，這到底是怎麼回事？

　　若你不改變你的想法，你將創造出同樣的關係。

　　我想兩性相處是張柏芝應該向王菲學習的。

　　女人，你不是一個接受器，你是一個創造者，在你的生命中創造你的實象、你的生活、你的愛情、你的事業。你可以像奧黛莉赫本一樣有著優雅的靈魂，像德雷莎修女一樣有高尚的人格，只要你願意。

　　如何優雅的生活是需要學習的，那種自傲而不驕傲的狀態是迷人的。

4-2 你那個開 BMW 的朋友呢？

今天，在路上聽到一個父親問她的女兒：「你那個開 BMW 的朋友呢？」

我轉頭告訴我的女兒，現在的人都不記別人的名字或長相，而是用他開的車、戴的手錶、拿的包包、穿的衣服、拿的手機來稱呼人了。

我們已經不再和人交往，而是和物交往，我們不記人的姓名，看不見人的特質、人的優點，而是用物品來記憶人，這真是一件悲傷的事。

以前我們認識一個人會先記住他的名字或姓，然後記住他的特徵，個子高或矮、皮膚黑或白、說話風趣嗎？幽默嗎？在哪裡上班？哪裡讀書？興趣是什麼？

因為我們是和這個人交往，但是現在我們對人沒興趣了，只對掛在他身上的東西有興趣，我們看不到這個人、只看到這些在他身上的東西，你的包在哪裡買的？你的衣服在哪裡血拼的？車買多久了？什麼牌子？去哪裡旅行過？

一個人走過來，我們不事先看他的臉，而是打量他的行頭，我們開始對人品頭論足，用他的外表。

你是否也有了這樣的說話習慣而不自知，你是否也將最重要的「人」給隱形了？

觀察你是怎麼形容一個人的，去覺察你的注意力是人的主體？還是掛在他身上的行頭？

　　你也許不記得你何時變成這樣說話的，但你可以決定從現在起你想要怎樣說話。

4-3 別再說「孩子，你不需要養我」

　　現在的父母常對孩子說：「等你長大了，不需要養我們，只要照顧好你自己就好了。」這是對孩子的愛？還是「礙」？

　　告訴孩子不需要奉養父母的心態到底是什麼？希望他放心？不要有壓力？還是要證明你是有能力的父母？

　　父親叫孩子不需要盡到孩子奉養父母的責任，中國的父慈子孝不見了，父不父、子不子，那請問你希望孩子孝順如何體現？你要他孝順，但不需要背負養父母的責任，你教他只要享樂，不須承擔，然後埋怨孩子不懂事，這孩子是你手把手教的，你能怨誰？要怨你自己不會教。

　　你讓孩子不需要養你？為什麼？難道你看不起他，你不覺得他有能力賺取豐厚的財富，輕視他的能力，覺得他是一個無用的人。

　　每個感念父母的人都會希望回饋給他的家人，尤其是他的父母。但是你卻直接告訴他不需感恩回報，因為身為父母的你不需要。

　　可是你忘了，他需要。他需要成功，他需要衣錦還鄉，他需要向所有人證明他的能力和才華，越是成功的企業家對他的父母越事必親躬、孝順奉養。

　　你卻要你的孩子不需回報，只要顧好自己就好了，你正在灌溉他自私的種子，助長他不能成功的暗示。

　　我要我的孩子一定要養我，我知道他有能力，他會成功，養我

對他來說是容易的事，就像我養他一樣。社會環境是在改變，但我相信不會有人因為養了父母就餓死；父母是天，奉養父母就是奉養天地，不讓我們的孩子養天地，如何讓他們在天地間生存？

　　你可以放棄你的權利，但是你不能抹滅孩子的能力，孩子會因為你對他的期望而強大，更深具信心。告訴孩子：「你長大要養我，因為爸媽相信你做得到。」

我相信，我會承擔真正的責任，完成我人生的使命。

4-4 我們能保護孩子多久？

　　一個婦女團體針對一個青木瓜飲品的廣告提出抗議，認為廣告將女性物化太嚴重，且誤導青少年認為大胸部就是好，要求相關單位撤銷其廣告。

　　既然我們理解「物化」對孩子的影響，無論孩子是男是女，我想都應該在適當時機給予孩子正確的觀念（看到你認為的不當廣告也是一個機會）。利用你們看見的事件，和孩子溝通並分析你的看法，也聽聽孩子的想法，以便互相交流，達成共識。

　　「抗議」是一種做法，但不是治本的辦法；過度的保護，有時會讓孩子沒有抵抗力。

　　想想，如果有一天，你的孩子到國外唸書，看見一個保險套的廣告，或香菸的廣告，也許是酒的廣告，你認為太煽情、太赤裸，不適合孩子，難道你要去要求當地政府禁播廣告嗎？

　　每天發生在你孩子身邊的事情層出不窮，你能掌控所有的資訊都被你過濾過嗎？

　　你以為孩子會忽然有能力，對所有的事物做出判斷？

　　你希望你的孩子有想法嗎？

　　他的想法由誰傳遞？你不傳遞，他就收不到嗎？

　　不要忽略做為父母的你應該做的工作，卻想創建一個幻想的人間淨土給你的孩子，孩子必須面對社會真實的存在，唯有你給孩子

相關的認知，他才能走得順利、充滿自信。

很多家長都說希望孩子聽話，到底一個聽話的孩子對你和孩子有什麼好處？而你又花了多少時間對他說話呢？孩子價值觀的建立是誰的責任？

下回，若你看到一件事情與你的價值觀衝突或吻合時，請你好好分析給你的孩子聽，說你不能認同或贊成的原因，不是要孩子一定要接受你的想法，而是希望孩子理解你的想法，可以做為親子交流的話題。

若你看見了一個危險，不是立刻下判斷，好像你是專家一樣；家長要做的是教孩子如何避免，或問孩子如果遇到了會如何保護自己。（就像鄭捷事件，第一時間不是批判鄭捷的行徑和背景，而是應問孩子，如果你在車上，你要怎麼做？）

我們總想改變世界，卻不想改變自己。

是時候該拿起你的教鞭了，你的孩子你不教，到底要給誰教？

4-5 教育孩子，順勢而為

　　最近一個家長跟我說他的孩子功課不佳，天天看卡通上網，說沒有網路會死；叫他認真讀書，他反問為什麼要讀書；上課遲到要處罰他，他說遲到有什麼關係；糾正他的言行態度，他說他都是這樣和同學說話的，同學也沒覺得不好。

　　另一個家長說，她的孩子不專心唸書，喜歡上網，遇到事情不會想辦法，就像一個石頭在他面前，別說搬走石頭，連繞過去都不願意，就站在原地；希望他參加夏令營，他說不要去，但是喜歡管樂。

　　父母總是用自己的眼光和角度看事情，沒有真正解決孩子的需求並給予答案或和孩子一起找答案；家長總是在遇到事情時，先下的一個判斷，然後依照判斷處理，不知道順勢而為。在該約束時放鬆，該放鬆時約束，不知道愛是一種責任，既然是責任就應該有約束。你覺得老公對家庭應該有責任，你會要求他做一些什麼？賺錢養家、分擔家務、凡事想到家人。那你教你的孩子做了什麼？他洗過碗嗎？洗過衣服嗎？擦過地板嗎？倒過垃圾嗎？為什麼？你希望他有責任，那你開始讓他學習承擔責任了嗎？

　　你對孩子信守承諾嗎？

　　「如果你再考不及格我就關掉你的網路！」你真的說到做到嗎？

對於你開出的獎勵承諾，你的孩子能接受你不兌現嗎？

孩子說：「沒有網路我會死。」你怎麼辦？你讓孩子掐著脖子予取予求，你想過辦法嗎？

孩子能天天上網是誰開放的權限？當有一天他女朋友和他分手他就自殺，你能接受嗎？如果不能接受，現在就不能接受他沒有網路就會死，你就需要想辦法。

我的孩子在國中時也問過我為什麼要讀書？我說：「你當然可以不要讀書，那你要做什麼我都支持你，但是我不會養一隻米蟲在家裡，你不讀書就去找工作，開始工作，你想好，我就請假陪你去應徵。」那天之後他再也沒問過這個問題。

他也曾態度惡劣和我對話，我就用相機拍下他的樣子給他看，他不看，我會強迫他看，他必須看看自己的態度，才能明白你的感受。

不要管別人怎麼看待你的家庭約束，你有你的風格和做法，這叫家教。不是別人怎樣，我就要怎樣，「我的同學都有電話」「我的同學都可以上網」「我同學都可以去逛街」……你的孩子這樣說，你就滿足他的要求，如果有一天，他告訴你，他同學有一台法拉利，你怎麼處理？買一台給他？

你的孩子有沒有告訴你，他的同學上網是查資料準備功課？還是玩遊戲？還是聊天？你的孩子有告訴你，他那上網同學是全班前三名嗎？

你的家庭教育真的是適合你的孩子嗎？

別人家的家庭教育適合你們家嗎？

別人有，你們就有的目的是什麼？

他說遲到有什麼關係？你說遲到是沒有責任感的表現，請問你有責任感嗎？你唸書時遲到過嗎？遲到的處罰學校就有了，家長要做的是了解孩子為什麼會遲到？並找出原因，找出解決方法。孩子數學考不好，你有問過他需要幫忙嗎？需要什麼幫忙？他說不需要卻持續考不好，你有想過為什麼嗎？你有真正解決他的問題而強迫他接受嗎？

假使你的孩子七歲要上幼稚園，哭著不要去，要和奶奶在家，你會怎麼處理？若他要讀一年級了，也哭著說我不要去上學，你會怎麼處理？你強迫他去上學的原因是會被政府處罰嗎？還是為了鄰居會說你沒責任？還是為他的未來培養能力？你強迫他上學是因為你愛他，你知道這是社會化的過程。

當他每天宅在家裡不去接觸人群、參加社團、參與活動、服務別人，你順從他的選擇時，你的愛在哪裡？

孩子喜歡音樂，第一步，我們應該鼓勵他考上能朝音樂發展的學校，而不是告訴他讀音樂沒有前途，生活不穩定。你不是他，不要用你的思維限制孩子的發展，更何況孩子會變，也許他考上了好的高中就會想讀商業管理或語文，未來有不同的發展。

孩子不搬開擋路的石頭，是因為有人會搬，你曾耐著性子等他搬嗎？教育孩子要順勢而為，要在每一次處理孩子的問題時問自己，你到底要得到什麼？

不是妥協就會帶來幸福，幸福需要努力，需要教育，更需要溝通。

4-6 告訴孩子「我需要你」

　　如果你的孩子曾經在五歲時跟你說過：「媽媽，我愛你，我要永遠和你在一起！」為什麼當他十五歲時，你們會說不上一句話？

　　屏東有一個單親家庭的孩子，在高中畢業前夕，因為細菌感染而生命垂危，無法參加畢業典禮，所有的鄰居和師長都說他是一個孝順的孩子，即使身家不好也樂於助人，總是帶著陽光的笑容，對生命充滿希望。新聞中映入我眼中的一幕是，因為他插滿呼吸管的嘴巴上嘴唇乾裂，媽媽拿著沾水的棉棒，為他補水時說：「孩子，你要加油，你要好起來，媽媽需要你。」這時他眨了一下眼睛回應他的媽媽。

　　「媽媽需要你」——你有沒有告訴過你的孩子你需要他呢？

　　一直以來你扮演著強者，是為了讓你的孩子有所依靠，讓他不用擔心，但是，他知道你也需要他嗎？

　　你需要他吃你煮的飯、和你吃飯、和你喝下午茶、和你聊天、和你一起看電視、一起散步、一起分享生活的點點滴滴，他知道嗎？

　　他不知道，因為你從來沒有告訴他，你也沒有這個習慣，所以孩子自然而然覺得你都可以自己做，不需要他。

　　人有一種被需要的需求，我們會用這樣的需求來證明自己存在的價值：這個地方不需要我的時候，我就離開；當你不需要我時，我也會離開，我會去一個需要我的人的身邊。

很多情侶分手的理由是你不需要我了，而不是你不愛我了。父母也是一樣，當你細心的照顧你的孩子，提供給他你能提供的一切，而你的孩子視如糞土時，你也會覺得他是不是不需要我了，我沒有用了，感覺自己沒有存在的必要，失去存在的價值感。

　　所以，從今天起，告訴你的孩子：「媽媽很愛你，媽媽需要你。」

PART 4　邁向幸福的道路

4-7 放縱是愛嗎？

　　我們常說要好好愛自己，但是到底什麼是愛自己？如何才叫愛自己？

　　我們看見喜歡的東西就買，看見喜歡的人就愛，想去唱歌就去唱歌，想去跳舞就去跳舞，想去旅行就去旅行，想看電視就看電視，想看書就看書，想打電動就打電動，想抽菸就抽菸，想喝酒就喝酒，做自己喜歡的事就是愛自己嗎？

　　愛自己的重點不是你究竟做了什麼？而是你是否感到快樂？這裡的快樂是指是真正的快樂，不是短暫的 Happy。

　　若你做了一些事，在當下或幾小時內你感到快樂，但是後來你會感到痛苦，當然這些痛苦有時來自別人的批判，有時來自自我內在的無力感，那就不是真的快樂。此時，你就必須好好思考做這些是有什麼意義？又為什麼你不能感受到快樂？

　　當一個人因為想飛而吸食毒品，你會有什麼看法？看法的不同會來自你和他的關係。若這人與你無關，你會說真是毒蟲，不值得同情；若這人是你愛的家人，你會認為他放縱自己，做這愚蠢的事，不夠愛自己。

　　到底他是用做想做的事來證明愛自己？或者他是不愛自己呢？這就是為什麼我們必須釐清，到底什麼是真的愛自己？認真追求自己的愛情是愛自己嗎？隱藏自己的情感是愛自己嗎？都是、也都不

是。

當你真正的明白你為何而做時，你才是真的愛自己。

你會做出你的選擇，朝著你的方向，即使跌倒，你都有能力自己爬起來繼續往前走，那你就是真的愛自己了。

不要奢望別人能告訴你應該做些什麼？不應該做些什麼？任何人都不是你，不能幫你選擇你的人生。

若希望能不為上一秒牽掛、不為下一秒擔憂，你必須開始好好認識自己。

4-8 愛是交換嗎？

愛當然不是交換，愛就是愛。

你不認為愛是交換，為何當他不再愛你時，你就不愛他了呢？

為何你會在她劈腿時就不愛她了呢？你會說因為她背叛了你，她背叛你和你愛她是同一件事嗎？我們之所以痛苦，就是我們必須說服自己不愛她。

我們看不清楚愛的本質。一個母親不會因為孩子不愛她就不愛她的孩子，也不會因為孩子犯了錯而不愛他。

而對於感情，我們希望相對的回饋，若沒有相對的回饋，我們就選擇收回我們的愛，這是愛嗎？

愛是交換嗎？

你會說，這不一樣，因為我可以選擇。

是的，你當然可以選擇，你選擇對等的愛，若不對等，就不愛。那你也會遇見相同的人，所以你必須做好準備，隨時付出，否則，你將感受不到無條件的愛。

4-9 道理與道德

　　幾天前一個早上，我開車送女兒上學，女兒的學校在巷弄狹窄的路尾，學校旁又有平交道經過，因此，每到上下課時間，總是車多擁擠。

　　女兒跟往常一樣迅速下車，我便駛離巷道，火車這時剛好經過，平交道的柵欄放下，鈴聲響起，一時所有的車都動彈不得，對向一輛白色車子占住整個車道，阻擋我的去路，眼前對向車輛稍稍右移我便可離開，也可紓解後方車輛，因此，我搖下車窗請那輛車的車主向右移動，他立刻回答我說他後面都是車，然後依舊不動；我再看右側機車稍微移動，我就過得去，我又搖下右邊車窗，對著機車主人請他移動一下機車，他正在騎樓整理貨物，忽然破口大罵：「我又沒擋住你們的路，你們互不相讓，大家就都不要過了！」然後繼續整理他的貨物。我又再次請白色汽車向右移動，他才慢慢的移動，我才得以離開。

　　回來的路上，我一直在想，移動一下機車就可以給人方便，幫助紓解交通，他為何不願意？因為他認為自己說的很有道理——你們開車的人不禮讓，幹嘛叫我幫助你們。

　　這讓我想起那些不禮讓救護車的人，自己以為那也不關我的事，我何需幫忙？

　　是的，你說的都有道理，那些有外遇、搞劈腿的人，不都是有

一番大道理嗎？因為他們夫妻早就分房睡了，他們根本不相愛，是為了孩子在一起的，他的老公或老婆不簽字我們也沒有辦法，他老婆根本不理他，他很可憐⋯⋯

那些作姦犯科的人，不也有很多道理嗎？

「因為，我父母離婚，所以我很不爽，因此我就去偷東西。」

「因為，大家都看不起我，所以我就吸安非他命。」

「因為，我看了太多 A 片，所以我出來性侵別人。」

幾乎每個人都能為自己的行為說出一堆理由，聽起來也都好像很有道理。

但是，從現在起，是否不要再問自己，這麼做，有沒有「道理」？而是問問自己，這麼做，有沒有「道德」？

NLP 教練心語　▶▶
提高生活理解層次，讓生活更幸福。

4-10 覺察「影響力」對你的影響

　　你喜歡我，我就對你有影響力；你不喜歡我，我對你也有影響力。

　　大多數的人認為因為我喜歡你，所以你對我有影響力，我會關注你喜歡什麼？討厭什麼？愛好什麼？厭惡什麼？以便改變行為模式，期望像你一樣，甚至模仿你。

　　人們忽略了，你不喜歡的人也深深的影響你。有時這影響力比你想像中大得多。

　　當你內在產生情緒的那個當下，影響就已經發生，若你無法立刻覺察這情緒的源頭是什麼，而只是毫無抵擋的進入情緒的漩渦，那就進入了一個情緒的歷程，直到你覺察到情緒的源頭，這歷程才能真的結束。

　　我班上的學員大多是女性，他們大多會喜歡我身上的某些特質，我明顯的發現與我接觸時間越久的學員，會說出和我一樣的話，她們會開始不自覺的瘦身，想要讓自己變得優雅、有智慧，想要有一個清晰的頭腦，而這些都是我堅信的生活方式和目標，影響力油然而生。即使你討厭我，我也能影響你。

　　若你不想被某人影響，你唯一能做的，就是對這個人保持無感，對他沒有感覺，讓他像呼吸的空氣一樣自然，不產生任何的情緒，這樣，你就能做一個不被影響的你自己，你覺得容易嗎？

事件的發生會產生情緒，而情緒會影響我們的選擇和行為，若一昧的想解決情緒而不去釐清事件中的意義，那將是徒勞無功，如同一個漏水的房子，你一再的將水擦乾也只是暫時恢復平靜的假象，唯有找出漏水的源頭並面對它、處理修復才是根本的解決之道。

有多少次，你停留在情緒裡，不願面對。

當類似的事件再發生，你不記得發生了什麼，你只記得你的情緒（憤怒、生氣、悲傷、恐懼）和判斷（他就是一個混蛋，他就是自私），你只是增長你情緒的強度和張力，卻不知道這些是從哪裡來的？

練習反芻你的事件，真正去覺察你內在的衝突和堅定的信念，你會發現內在的力量，你會發現你像天使一般純淨，你會真正的愛自己。

PART 5
結語

5-1 讓大腦重生

　　大腦的反射，就是神經語言學的精華，當你疲憊或放鬆時，最為明顯。

　　有一個廣告，描述男友陪女朋友逛街，女生換了一件衣服便問男友「美不美」，男友答「美」；女生換了另一件衣服又問男友「好不好」，男友答「好」；女友問「胖不胖」，男友答「胖」；這是精神恍惚所進入的催眠狀態，因此語言的引導有很重要的關鍵，就像政治人物上台總是詢問群眾「好不好」，群眾自然回應「好」，有時群眾根本搞不清楚台上說些什麼？

　　中國的語言較容易產生這樣的誤解，例如：當我問你今天快樂嗎？

　　快樂從 1 到 10，10 分最快樂，你是幾分？

　　假如你說 8 分，那有等於不快樂 2 分嗎？

　　如果我問這件事你認為是對的嗎？對 1 到 10 分，你覺得是幾分？

　　假如你說對 7 分，那有等於錯 3 分嗎？

　　因為，我們總是將「好」與「不好」放在同一條水平線上，

　　好 --------------------------------------- 不好

　　但是，其實「好」與「不好」是兩種完全不一樣的狀態，怎麼

會是在同一條線上呢？

好　　　1---10

不好　　1---10

唯有理解這種關係，才更能做有效的溝通。

　　大腦很簡單，你給它一個指令，它就去執行了；你給它一句話，它就去做了；如果你給它的指令，你永遠都做不到，那你就是自殺了，因為你就是一直在否定自己。五分鐘做不到、一年做不到……

　　「呀……我真是沒路用的人啦！」

　　你的大腦就是這樣，舉例我現在講：「注意我現在說的話喔！」

　　「請你不要想一隻紅色的大象。」

　　你的腦中出現一隻紅色的大象的，請舉手。

　　（有人舉手）

　　所以你的腦中出現大象，我明明叫你不要想紅色的大象呀，你還想呢？那為什麼你還要想呢？所以說大腦是很簡單的，你給它什麼，它就給你什麼！

　　你說：「不要想紅色的大象！」大象就一直跑出來。

　　「不要一直看電視！」電視就一直跑出來。

　　「不要一直玩！」結果小孩一直玩。

　　所以，你有沒有下錯指令給你的小孩？那到底是誰的錯？下指令的人的錯！你每天就叫小孩不要看電視，可是所下的指令卻是叫小孩「去看電視」，結果小孩當然是一直看電視囉！那問題是在誰的身上呢？是你。

「厚……我叫你不要玩了，還一直玩！」

「你再玩試試看！」

這樣是叫小孩玩還是不玩？

很多小朋友都跟我說：「我的媽媽真的很嚴重，她嘴巴說的跟真正要我做的都不一樣，我都快瘋掉了。」

「她跟我說你給我坐這裡試試看，那我就給她試試看呀！結果我就被打了，我好可憐喔。」

所以在我做「兒童的溝通」這區塊時，發現小孩子很為難，是因為大人不能理解小孩子的思考模式，常常一直重複下錯誤的指令，還自以為是，覺得自己明明就講得那麼清楚，為什麼孩子還是聽不懂？

是呀，你講得很清楚，他也都有做呀！

所以下次他在看電視時，你不要他看電視，你應該說什麼？

「電視關起來！」

對，「電視關起來！」是禁止他現在做這個動作。那你到底希望他做什麼呢？去看書或寫功課？那你就直接叫他做就好啦，不用講那麼多。你就直接對小朋友說「你去寫功課」就好啦！你跟他說，他就會去做了。

如果你的句子很長，也是沒有效果的，簡短有力比較有效。下次可以對你的小朋友試試看，對小孩子說：「去玩。」

大腦就是這樣簡單的，你給我一個指令，我就去執行。

所以你對你的小孩吱吱喳喳講了一大堆，他根本聽不到，他會把耳朵關起來；當你給他很簡短而且是執行的句子（指令），他就

很快去執行了。這樣有沒有很簡單？

　　所以同樣的，我們用這樣的方式跟小孩溝通，也要用同樣的方式跟自己溝通。在「跟自我對話」的部分也要練習，每天都要練習，練習才能夠讓你養成習慣，當你養成習慣就像時時念佛一樣自然了。我們透過這些東西會有一些感覺進來，然後我們透過語言、非語言的方式把它呈現出來，我們收到的訊息經過大腦重新整理之後呈現出來，有時候用說的，有時候用寫的，有時候用動作、聲音或其他的方法，譬如說有時候叫小朋友趕快去洗澡，他表現出來的動作就是用力的跺腳或重重地踏步，這表示什麼呢？他不甘願乖乖地去洗澡。這個時候他有沒有說話？沒有！這就是屬於「非語言的表達」。

　　我沒有說話，但是我的肢體語言就是告訴你「我很不高興去洗澡」，最好通通不要洗，這整個冬天都不要洗澡最好了。所以你覺得說話的力量比較大或是沒說話的力量比較大。沒說話的力量比較大，是的！沒說話的力量比較大！可是我們常常希望透過說話去改變別人，為什麼會這樣呢？

　　所以從現在開始要改變一下方法，開始用不說話的方式去改變別人，為什麼你會覺得你不說，他就感覺不到？你每天都會跟你的小孩說媽媽很愛你嗎？從現在開始都不要說了，但是你要用意念告訴他喔。然後一星期後去觀察他有沒有覺得你不愛他。

　　已經多久沒跟你老公摟摟、多久沒跟老公說我愛你？所以第一個是語言的力量，你有沒有使用？如果語言的力量沒效果沒關係，非語言的力量就要用，這就是為什麼很親近的兩個人，每天睡在一

起，吃同樣的食物，感情比較好，默契比較好，想法也會比較一致，所以無論如何再忙也煮頓飯，如果有困難需要買外面的飯菜回來吃，那也要大家都吃一樣的食物，可別你吃臭臭鍋，他吃鐵板燒，大家各吃各的，這樣大家的想法差異會越來越大。

飲食深深影響我們，因為你吃進去的食物就在你的體內起了特殊變化，一家人吃一樣的食物就會很團結、很有向心力。你說我們小家庭沒辦法每天煮飯，那每週安排全家一起吃一頓飯也是可以的，如果有人沒法一起吃飯，可以想法子調整。

假設現在我們在路邊看到一場車禍，一輛紅色的汽車撞到白色的車子，你會先做什麼動作？先看看是否有人受傷，然後打電話報警，然後是不是大家就開始在那討論是紅色車子或是白色車子的錯；此時就有人會意見紛歧了，有人就開始起了爭執。

「我覺得是這台的車的錯。」

「不，我覺得是那台車的錯……」

為了跟你沒關係的事在吵架？同樣一件事情出現在你面前，會有不同的見解或判斷，他有經驗或證據證明，這兩台車相撞，哪台車子是沒有過錯的一方，所以每個人都有他自己的想法來自他的經驗。

有一個媳婦跟老公回去婆家，她洗了襪子就把襪腳的地方夾在上面，結果她婆婆看到之後就把它換方向，改夾襪頭。那天晚上婆媳倆就吵架了，媳婦跟老公說：「你媽媽很奇怪耶！我的襪子吊這

樣，她幹麼還去轉方向？」婆婆也說：「你老婆真是奇怪耶！我明明就把襪子翻好了，她還特別跑去再把襪子翻轉一次。」請各位告訴我這裡面發生了什麼事？

習慣！

所以，有時候我們要去習慣別人的習慣，習慣她的習慣就好了。為什麼我的習慣一定是對的，別人的習慣就一定是錯的？像有人要先洗頭再洗澡，有人是先洗澡再洗頭，你管人家，人家洗得乾淨就好了！

這個程式在我們大腦裡面運作之後，我們並不了解，可是我們的行為卻都是如此展現，我不理解怎麼去做，可是我的大腦都照那條路徑在運作，這是很危險的！所以我們要了解大腦是怎麼工作的。

最後，要強調的是，再強大的溝通技巧，都不及一個強烈的意圖和耐心。

願以此文

獻給迎向美好關係的你

世間萬物皆是交往的關係

交往是發現自我重要的途徑

只想不做，讓我陷入交往的困境

認識自己能帶我走出交往的誤區

愛不是感激

而是帶著覺知明白自己在做什麼

關係如綻放的花朵般美妙

認識自己是通往自由的路徑

讓我們一起微笑走在豐盛富足的道路上

璨因 Naomei

樂活誌（45）

在人看
NLP 心靈教練吳璨因
幫助你遇見完整幸福的自己

建議售價・280 元

作　　者：吳璨因
校　　對：吳璨因、吳適意
專案主編：吳適意
特約設計：鄭年亨
出版經紀：徐錦淳、黃麗穎、林榮威、吳適意、林孟侃、陳逸儒
設計創意：張禮南、何佳諠
經銷推廣：何思頓、莊博亞、劉育姍、王堉瑞
行銷企劃：張輝潭、劉承薇、莊淑靜、林金郎、蔡晴如
營運管理：黃姿虹、李莉吟、曾千熏
發 行 人：張輝潭
出版發行：白象文化事業有限公司
　　　　　402 台中市南區美村路二段 392 號
　　　　　出版、購書專線：（04）2265-2939
　　　　　傳真：（04）2265-1171
印　　刷：三太廣告設計企業社
版　　次：2015 年（民 104）九月初版一刷
　　　　　2018 年（民 107）三月二刷
　　　　　2020 年（民 109）二月三刷

國家圖書館出版品預行編目資料

在人看：NLP心靈教練吳璨因幫助你遇見完整
幸福的自己/ 吳璨因著. -- 初版. -- 臺中市：白
象文化, 民104.09
　　面；　公分. -- (樂活誌；45)
ISBN 978-986-358-147-5(平裝)
1.溝通 2.傳播心理學 3.神經語言學 4.自我實現
177.1　　　　　　　　　　　104002587

設計編印

白象文化｜印書小舖
　　網　　址：www.ElephantWhite.com.tw
　　電　　郵：press.store@msa.hinet.net